Préparation à l'examen du DELF PRIM A1

Maud Launay

Roselyne Marty

LES SYMBOLES

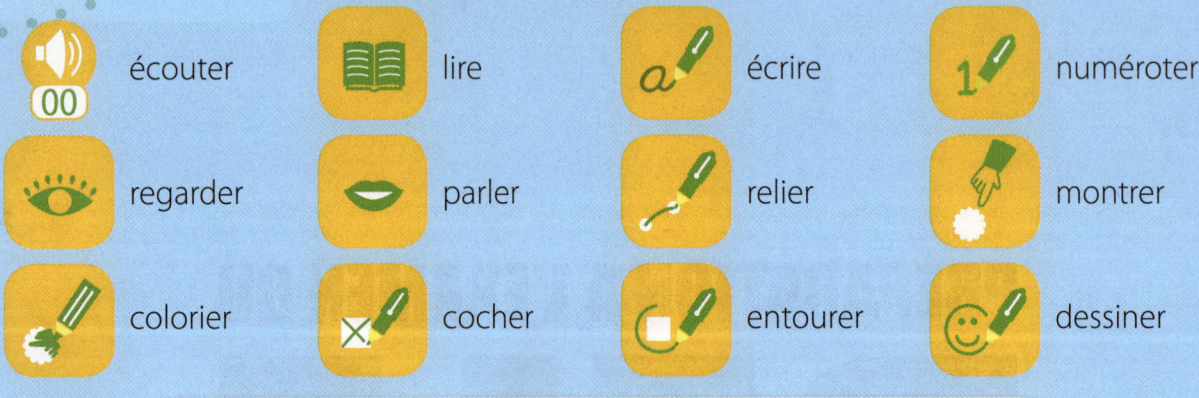

Conception graphique de la couverture : Christophe Roger
Conception graphique et mise en pages : Anne-Danielle Naname
Illustrations : Marie Margo

Secrétariat d'édition : Sarah Billecocq
Maîtrise d'œuvre : Françoise Malvezin, Le souffleur de mots
Enregistrements : Quali'sons (David Hassici)

ISBN : 978-2-01-155966-1
© Hachette Livre 2014 – 43, quai de Grenelle, 75905 PARIS CEDEX 15 – www.hachettefle.fr
Tous droits de traduction, de reproduction et d'adaptation réservés pour tous pays.
Le code de la propriété intellectuelle n'autorisant, aux termes des articles L.122-4 et L.122-5, d'une part, que « les copies ou reproductions strictement réservées a l'usage prive du copiste et non destinées a une utilisation collective » et, d'autre part, que les « analyses et les courtes citations » dans un but d'exemple et d'illustration, « toute représentation ou reproduction intégrale ou partielle, faite sans le consentement de l'auteur ou de ses ayants droit ou ayants cause, est illicite ». Cette représentation ou reproduction, par quelque procédé que ce soit, sans autorisation de l'éditeur ou du Centre français de l'exploitation du droit de copie (20, rue des Grands-Augustins, 75006 Paris), constituerait donc une contrefaçon sanctionnée par les articles 425 et suivants du Code pénal.

ÉPREUVE DE PRÉPARATION au DELF PRIM A1

Niveau A1 du Cadre européen commun de référence pour les langues

Épreuve collective	Durée	Note sur
Compréhension de l'oral Réponse à des questionnaires de compréhension portant sur trois ou quatre très courts documents enregistrés ayant trait à des situations de la vie quotidienne (deux écoutes). Durée maximale des documents : 3 minutes.	20 minutes	/25
Compréhension des écrits Réponse à des questionnaires de compréhension portant sur quatre ou cinq documents écrits ayant trait à des situations de la vie quotidienne.	30 minutes	/25
Production écrite Épreuve en deux parties : • Compléter une fiche, un formulaire. • Rédiger des phrases simples (cartes postales, messages, légendes...) sur des sujets de la vie quotidienne.	30 minutes	/25

Durée totale des épreuves collectives : 1 heure et 20 minutes

Épreuve individuelle	Durée	Note sur
Production orale Épreuve en trois parties : 1. Entretien dirigé. 2. Échange d'informations. 3. Dialogue simulé.	5 à 7 minutes	/25
Seuil de réussite : 50 / 100 Note minimale requise par épreuve : 5 / 25	Note totale	/100

SOMMAIRE

UNITÉ 1 Je me présente — p. 4 à 17
Prépare-toi au DELF PRIM !
- S'entraîner pour la production écrite — p. 16
- S'entraîner pour la production orale — p. 17

UNITÉ 2 À l'école — p. 18 à 31
Prépare-toi au DELF PRIM !
- S'entraîner pour la compréhension orale — p. 28
- S'entraîner pour la compréhension écrite — p. 29
- S'entraîner pour la production écrite — p. 30
- S'entraîner pour la production orale — p. 31

UNITÉ 3 Mes loisirs, mes activités — p. 32 à 45
Prépare-toi au DELF PRIM !
- S'entraîner pour la compréhension orale — p. 42
- S'entraîner pour la compréhension écrite — p. 43
- S'entraîner pour la production écrite — p. 45
- S'entraîner pour la production orale — p. 45

UNITÉ 4 Les gens que j'aime — p. 46 à 59
Prépare-toi au DELF PRIM !
- S'entraîner pour la compréhension orale — p. 56
- S'entraîner pour la compréhension écrite — p. 57
- S'entraîner pour la production écrite — p. 58
- S'entraîner pour la production orale — p. 59

UNITÉ 5 On s'installe ! — p. 60 à 73
Prépare-toi au DELF PRIM !
- S'entraîner pour la compréhension orale — p. 70
- S'entraîner pour la compréhension écrite — p. 71
- S'entraîner pour la production écrite — p. 72
- S'entraîner pour la production orale — p. 72

UNITÉ 6 Mes vacances et mes fêtes — p. 74 à 87
Prépare-toi au DELF PRIM !
- S'entraîner pour la compréhension orale — p. 84
- S'entraîner pour la compréhension écrite — p. 85
- S'entraîner pour la production écrite — p. 86
- S'entraîner pour la production orale — p. 87

Transcriptions — p. 88 à 96

UNITÉ 1 Je me présente

1 Rafael quitte le Chili et vient vivre en France. Lis l'histoire.

1. Aéroport du Chili. Samedi 14 août.

2. Je suis content d'être en France !

3. Bonjour, nous allons 15 rue du Vieux-Port à Marseille, s'il vous plaît.

4. Elle est jolie notre nouvelle maison !

5. Et voilà ma chambre : elle est grande !

6. Salut Lucie ! On est arrivés à Marseille samedi ! On se voit demain pour aller à l'école ?
Ok Rafael, je viens chez toi à 8h15. Je vais te montrer le chemin.

7. Tu tournes à droite au bout de la rue et l'école est là !
Ah ça va, c'est facile et à pied c'est à 10 minutes seulement !

8. Et voilà l'école ! Elle est petite, tu vois.
J'espère que la maîtresse est gentille !

9. Bonjour, je voudrais inscrire Rafael dans cette école.
Oui, bien sûr. Quel âge a Rafael ?
J'ai 11 ans !

UNITÉ 1

2 Réponds aux questions.

a. Qui sont les personnages de l'histoire ? Relie les noms aux dessins.

Lucie   Rafael   la petite sœur de Rafael   le directeur de l'école   le père de Rafael   le grand frère de Rafael   la mère de Rafael

b. Dans l'histoire, quels sont les deux pays ?

LA ....   LE ....

c. Dans quelle ville habite la famille de l'histoire ? ....

d. Où vont les 2 enfants ? ....

e. À quelle heure la petite fille vient chercher le garçon ?  ou  ?

f. Combien de temps il faut pour aller à l'école ? .... minutes.

g. Quel âge a le garçon ?   8 ans / 9 ans / 11 ans

3 🔊 Écoute les dialogues et écris le numéro du dessin qui correspond.

Dialogue n° 1 ➜ dessin n° ....   Dialogue n° 3 ➜ dessin n° ....

Dialogue n° 2 ➜ dessin n° ....   Dialogue n° 4 ➜ dessin n° ....

5

Bienvenue dans la classe !

1 C'est le premier jour de Rafael dans sa nouvelle école. Regarde le dessin. Écoute la maîtresse et les enfants.

2 Parle avec ton voisin et faites la liste des informations sur Rafael.

Rafael ....

....

3 a. Écoute encore et écris les informations sur Rafael.

1. Quel est ton prénom ? ....

2. Au Chili, on parle français ? ....

3. Tu as quel âge ? ....

4. Tu habites où à Marseille ? ....

b. Maintenant écoute Rafael parler de l'école. Réponds aux questions.

1. Tu aimes l'école ?

2. Qu'est-ce que tu aimes à l'école ?

3. Tu aimes le français ?

4. Tu aimes les mathématiques ?

Boîte à outils

Pour te présenter :
Mon prénom, c'est…
Mon nom de famille, c'est…

4 **a.** Fais la liste des autres questions que les enfants peuvent poser à Rafael.

Est-ce que .... ?

Qu'est-ce que .... ?

Tu .... ?

Boîte à outils

| Mon | Ma |
| Ton | Ta |

b. Lis maintenant les réponses de Rafael et écris les questions qui correspondent.

1. .... ? À la cantine, je mange du poisson.

2. .... ? Non, je ne fais pas de natation.

3. .... ? Je fais du football.

4. .... ? Non, je n'aime pas le tennis.

5. .... ? Oui, je fais du piano.

6. .... ? Oui, j'ai une sœur.

7. .... ? J'ai un petit chien.

c. Maintenant 🔊 écoute et vérifie tes réponses !

5 **a.** Tu es dans une nouvelle classe. Un élève te pose des questions. Réponds aux questions.

b. Maintenant, pose des questions à ton nouvel ami.

Joue les deux situations avec ton voisin dans la classe.

6 🔊 Écoute les enfants. Ils parlent de leur pays. Relie les informations comme dans l'exemple.

Rafael • — • l'Allemagne
Kilima • — • le Chili
Emma • • les États-Unis
Alexandra • • la Russie
Wataru • • le Japon
Jonathan • • le Kenya

Boîte à outils

Pour dire d'où tu viens :
Je viens de France.
Je viens du Japon.
Je viens des États-Unis.
Je viens d'Allemagne.

7 Et toi ? Tu viens de quel pays ? C'est où ?

UNITÉ 1

Bienvenue dans la classe !

8 La maîtresse a donné un devoir : les enfants doivent écrire un texte sur leur famille. Rafael présente sa famille. Lis et réponds aux questions.

> **Ma famille**
>
> Dans ma famille, il y a 5 personnes. Mon père s'appelle Diego. Il a 42 ans. Il est médecin. Ma mère s'appelle Matilda. Elle a 38 ans. Elle est professeur d'espagnol. Mon frère s'appelle Pablo. Il a 18 ans. Ma sœur s'appelle Inès. Elle a 4 ans.

a. Il y a combien de personnes dans la famille de Rafael ? ....

b. Complète les phrases suivantes.

Diego est le .... de Rafael.   Matilda est la .... de Rafael.

Pablo est le .... de Rafael.   Inès est la .... de Rafael.

c. Quel est l'âge des personnes ?

Diego   Matilda   Inès   Pablo

d. Qu'est-ce que Diego fait ?

☐   ☐   ☐

e. Qu'est-ce que Matilda fait ?

☐   ☐   ☐

9 À toi ! Écris une lettre à ton correspondant français et parle des personnes de ta famille (prénoms, âges, professions).

Je me présente

Bienvenue au Chili !

Le drapeau du Chili est bleu, blanc et rouge. Le drapeau de la France aussi !

Rafael fait découvrir le Chili à sa nouvelle classe.
🔊 Écoute Rafael, regarde cette page et cherche les différences avec ton pays (couleurs du drapeau, uniforme, rentrée des classes, etc.).

¡Hola! ¿Qué tal?

On parle espagnol au Chili.

À l'école, les enfants portent un uniforme bleu et gris.

Au Chili, l'école commence en mars et finit en décembre. Les enfants vont à l'école du lundi au vendredi.

Ensuite, ce sont les grandes vacances ! Il fait très chaud. Les mois de janvier et février, c'est l'été !

La cordillère des Andes est la plus grande chaîne de montagnes du monde.

La cueca est la danse traditionnelle.

Vers 17 heures, on prend la **once** : on boit du thé, on mange du pain, de la confiture, des gâteaux mais aussi de l'avocat, du jambon et du fromage.

Boîte à outils

On = nous
Au Chili, on a deux noms de famille.
En France, on mange du fromage.
Au Chili, on parle espagnol.

UNITÉ 1

En France : qu'est-ce que tu aimes ?

1 Regarde les dessins.
🔊 Écoute et note le numéro du message.
[7]

a.

Message n° ....

b.

Message n° ....

c.

Message n° ....

2 Rafael raconte ses premiers jours en France dans son journal intime.
Il dit ce qu'il aime et ce qu'il n'aime pas.
Lis les textes et réponds aux questions.

Boîte à outils
J'adore manger.
J'aime jouer.
Je déteste écrire.

LE MATIN

Au petit déjeuner, j'adore manger des croissants et boire du chocolat chaud. C'est délicieux !

LES LOISIRS

Après l'école, on fait des activités. Moi, j'aime beaucoup la peinture, j'ai un cours le mardi soir. Je fais aussi de la guitare, mais je n'aime pas chanter.

Je me présente

À LA CANTINE

À la cantine, c'est très bon : j'adore les frites et la mousse au chocolat. Mais je déteste le poisson : beurkkkk !

a. Au petit déjeuner, Rafael aime : /  / /

b. Comme loisir, Rafael aime ou ?

Il aime aussi la _____.

c. À la cantine, qu'est-ce que Rafael déteste ?  / /

3 Regarde les dessins et fais des phrases comme dans l'exemple avec : *adore / préfère / déteste*.

Exemple : Rafael aime jouer au piano. _____

_____

_____

4 Et toi ? Dis une chose que tu aimes, une que tu détestes et une que tu adores !

Boîte à outils

Pour poser la question :
Est-ce que tu aimes / tu détestes… ?
Tu aimes / Tu adores… ?
Qu'est-ce que tu aimes / tu préfères ?

Pour répondre à la question :
J'aime… / Je déteste…
Oui, j'aime… / Oui, j'adore…
Non, je n'aime pas…
J'aime… / Je préfère…

UNITÉ 1

Mon personnage préféré s'appelle…

1 Les enfants ont un devoir : faire la présentation de leur personnage préféré.

🔊 Écoute Lucie et réponds aux questions.

Boîte à outils

La sorcière   La fée   La princesse

a. Lucie parle de…

① ② ③

☐ ☐ ☐

b. Ce personnage a les cheveux… (attention, il y a deux bonnes réponses)

☐ courts ☐ longs ☐ noirs ☐ bruns ☐ blonds ☐ frisés

c. Qu'est-ce que ce personnage fait à l'école ?

Elle _____

Elle _____

Boîte à outils

Mon artiste préféré s'appelle…
Mon personnage préféré s'appelle…

C'est un chanteur français.
C'est une actrice américaine.
C'est un footballeur italien.

Je me présente

2 Aide Rafael à préparer son devoir !

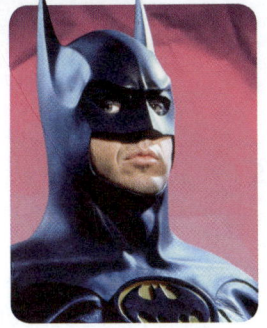 

Mon personnage préféré s'appelle Batman.

Comment est-il ?

Que fait-il ?

 3 À toi ! Fais la présentation de ton personnage préféré !

Mon personnage préféré s'appelle ....

13

UNITÉ 1

Bonjour, je voudrais…

1 a. 🔊 Écoute la conversation.

b. 🔊 Écoute encore et entoure les mots que Raphael utilise…

– pour dire bonjour :   SALUT !   BONJOUR !   ENCHANTÉ !

– pour dire au revoir :   SALUT !   À BIENTÔT !   AU REVOIR !

Boîte à outils

À la boulangerie
Un croissant
Un pain au chocolat
Un gâteau
Une tarte
Des bonbons
Une baguette
Un pain

2 Après l'école, Lucie et Rafael vont à la boulangerie.

a. 🔊 Écoute et entoure ce que Lucie prend.

b. Rafael fait les courses pour sa maman. Lis la liste, 🔊 écoute le dialogue. Rafael rentre. Sa maman n'est pas contente. Pourquoi ? Complète.

– 1 baguette
– 4 pains au chocolat
– 2 croissants

Rafael a acheté .... baguettes, ... pains au chocolat et .... croissant.

3 Avec les deux listes, joue les situations avec ton voisin. D'abord, tu es le boulanger. Ensuite, ton voisin joue le rôle du boulanger.

– 1 pain
– 2 baguettes
– 3 croissants

– 1 tarte
– 3 pains au chocolat
– 3 croissants

Boîte à outils

Bonjour !
Merci !
Au revoir !
Bonne journée !
À bientôt !

Je voudrais…
C'est tout.

C'est combien ?
Ça fait combien ?

14 Je me présente

RÉVISE !

Méli-Mélo

Découvre les personnages du livre !

🔊 **Écoute** les enfants et regarde les dessins. Complète les fiches et mets dans l'ordre les lettres de leur pays.
(12)

EMMA

Âge : .... ans
Ville : Sarrebruck
Pays : ....

A _ _ _ _ _ A

Âge : 10 ans
Ville : ....
Pays : Russie

_ A _ A _ _

Âge : .... ans
Ville : Valparaiso
Pays : l-C-i-h-i ....

WATARU

Âge : 9 ans
Ville : ....
Pays : ....

E _ _ N

Âge : .... ans
Ville : Istanbul
Pays : Turquie

JONATHAN

Âge : .... ans
Ville : ....
Pays : États-Unis

L _ _ E

Âge : .... ans
Ville : ....
Pays : n-r-a-F-e-c ....

K _ L _ _ A

Âge : .... ans
Ville : Nairobi
Pays : ....

PRÉPARE-TOI au DELF PRIM !

S'entraîner pour la production écrite — 25 points

Exercice 1 — 10 pts

C'est ton premier jour de classe de français. Remplis cette fiche de renseignements pour ton professeur.

Bienvenue dans le cours de français !
Fiche de renseignements

Ton prénom : ....   Ta nationalité : ....

Ton nom : ....   Ton âge : ....

Ton adresse : ....   Nombre de frères et sœurs : ....

Ta ville : ....   Ta matière préférée : ....

Ton pays : ....   Ta couleur préférée : ....

Exercice 2 — 15 pts

Tu écris une petite lettre en français à ton nouveau correspondant pour te présenter et présenter ta famille. Tu parles de ce que tu aimes, à l'école et à l'extérieur de l'école.

Salut ....

....

....

....

....

Je me présente

S'entraîner pour la production orale `25 points`

Exercice 1 `10 pts` Parle de toi ! Réponds aux questions suivantes !

- Tu t'appelles comment ? Tu peux épeler ton nom ? Tu as quel âge ? Quelle est ta nationalité ? Tu viens de quel pays ?
- Tu as des frères et sœurs ? Ils ont quel âge ?
- À la maison, tu parles français avec tes parents ?
- Tu as un animal ? Il s'appelle comment ? Il est comment ?
- Quelle est ton adresse ?

Exercice 2 `8 pts` Regarde ces dessins qui racontent une histoire. Raconte cette histoire ! Dis ce qui se passe dans chaque dessin.

Exercice 3 `7 pts` Lis cette situation et joue-la avec ton professeur. Le professeur joue le rôle de ton ami.

Tu arrives dans une école en France. Tu fais la connaissance d'un nouvel ami. Tu lui poses des questions sur sa famille et ses activités. Tu peux t'aider des dessins.

- Tu as entre 40 et 50 points : **BRAVO ! Tu es un champion !**
- Tu as entre 30 et 40 points : **C'est très bien !**
- Tu as entre 20 et 30 points : **C'est bien !**
- Tu as entre 10 et 20 points : **Pas mal, mais tu dois encore réviser un peu !**
- Tu as entre 0 et 10 points : **Hum, Hum… Il y a encore du travail ! Révise ce que tu n'as pas bien compris !**

UNITÉ 2 — À l'école

1 Lucie raconte comment se passent ses journées à l'école en France.
🔊 Regarde les dessins et écoute Lucie.

2 🔊 Écoute encore et entoure les heures que tu entends.

UNITÉ 2

3 Lis les messages de Lucie dans les bulles.

4 🔊 Écoute encore Lucie et note le numéro du dessin dans la bonne bulle, comme dans l'exemple.

a. J'entre dans la classe et je m'installe à ma place. On corrige les devoirs.

Exemple : Dessin n° 5

b. Le matin, je me réveille à 7 heures. Je me lève et je vais dans la cuisine.

Dessin n° ....

c. À 16 h 30, l'école finit. Je vais à pied à mon cours de dessin.

Dessin n° ....

d. Je vais dans la salle de bains, je me lave et je me brosse les dents.

Dessin n° ....

e. Je prends mon petit déjeuner. Je mange du pain avec du beurre et je bois un chocolat chaud. Je mange aussi des céréales avec du lait.

Dessin n° ....

f. À 8 heures, je prends le bus pendant 20 minutes pour aller à l'école.

Dessin n° ....

g. 10 heures, c'est l'heure de la récréation. On va dans la cour, on joue à chat, on saute à la corde, on joue au ballon.

Dessin n° ....

h. L'après-midi, on retourne dans la classe. Le lundi et le jeudi, on va aussi faire du sport dans la salle de gym. Moi, j'adore le judo !

Dessin n° ....

i. Le midi, je déjeune à la cantine. Je mange une entrée, un plat, un yaourt ou du fromage et un dessert. Je n'aime pas beaucoup la cantine, ce n'est pas très bon !

Dessin n° ....

Boîte à outils

Pour parler de ce que tu fais à la maison :

- Je me réveille – Tu te réveilles – Il / Elle / On se réveille
- Je me lève – Tu te lèves – Il / Elle / On se lève
- Je m'installe – Tu t'installes – Il / Elle / On s'installe
- Je me lave – Tu te laves – Il / Elle / On se lave
- Je me brosse – Tu te brosses – Il / Elle / On se brosse les dents

Boîte à outils

Pour parler des activités que tu fais :

- Je mets – Tu mets – Il / Elle / On met
- Je vais – Tu vas – Il / Elle / On va
- Je prends – Tu prends – Il / Elle / On prend
- Je mange – Tu manges – Il / Elle / On mange
- Je déjeune – Tu déjeunes – Il / Elle / On déjeune
- Je bois – Tu bois – Il / Elle / On boit
- Je joue – Tu joues – Il / Elle / On joue

UNITÉ 2 — Tu fais quoi à l'école ?

1

a. 🔊 Écoute Jonathan. Il parle de sa journée à l'école.

b. 🔊 Écoute une deuxième fois. Montre les images qui correspondent.

c. 🔊 Écoute encore et complète l'emploi du temps de Jonathan avec les matières correspondantes.

géographie – anglais – informatique – français – mathématiques

LUNDI
- 8 h : ....
- 9 h : ....
- 10 h : ....
- 11 h : ....
- 12 h : Pause déjeuner
- 12 h 30 : ....
- 13 h 30 : L'école est finie !

Boîte à outils

Le matin
L'après-midi
Le soir

8 h 00
8 h 15 / huit heures quinze
8 h 30 / huit heures et demie
12 h 00 / midi

2 Lis la lettre de Kilima. Elle raconte une journée dans son école. Complète la lettre avec : *uniforme – me réveille – bus – école*.

Salut les copains de Marseille ! C'est Kilima, votre amie de Nairobi ! Je vous raconte une journée dans mon école. Chez nous, l' .... commence à 8 h. Je .... tôt : j'habite loin de l'école. Je vais à l'école en .... À l'école, je porte un .... : un pull rouge, un short rouge et des chaussettes rouges. Et chez vous ? À quelle heure commence l'école ? Quelles sont vos matières préférées ?

J'attends votre réponse,
Kilima

À l'école

3 À toi de jouer ! Comme Kilima, écris une petite lettre à la classe de Lucie et Rafael pour raconter une journée dans ton école. D'abord, prépare tes réponses.

a. Le matin, je me réveille à : ☐ 07:00. ☐ 07:30. ☐ 08:00.

b. Remets dans l'ordre les activités du matin.

.... : Je m'habille.

.... : Je me brosse les dents.

.... : Je prépare mon cartable.

.... : Je prends mon petit déjeuner.

.... : Je me lave.

c. Pour aller à l'école, je vais : ☐ en bus. ☐ à pied. ☐ en voiture.

d. Qu'est-ce que tu fais à l'école ? Choisis tes réponses !

☐ Je parle en français.   ☐ J'écoute mon professeur.
☐ J'écris des histoires.   ☐ Je compte.
☐ Je dessine.   ☐ Je fais du sport.

À l'école : ☐ j'aime bien les maths.   ☐ je préfère la géographie.
☐ je n'aime pas l'histoire.

Pendant la récréation : ☐ je joue avec mes amis.   ☐ je fais mes devoirs.
☐ je parle avec mes copains.

Pour le déjeuner : ☐ je rentre à la maison.   ☐ je mange à la cantine.
☐ je mange un sandwich.

L'école finit à : ☐ 14 h.   ☐ 15 h.   ☐ 16 h.

e. Maintenant, tu es prêt pour écrire ta lettre.

4 Comme Jonathan, raconte une journée d'école.

UNITÉ 2

Qu'est-ce qu'on doit faire à l'école ?

1 🔊 **Écoute** la maîtresse et montre le bon dessin.
[18]

① ② ③ ④

2 Lis les phrases et écris le numéro du dessin correspondant.

◯ Prenez des crayons de couleur ! ◯ Rangez les livres !

◯ Levez la main ! ◯ Taisez-vous, silence !

① ② ③ ④

3 🔊 **Écoute** les instructions et écris-les sous les dessins.
[19]

① .... ② .... ③ .... ④ ....

....

Boîte à outils

Pour dire aux enfants de faire quelque chose :
Pren**ez** un livre !   Lev**ez** la main !
Rang**ez** vos affaires !   Tais**ez**-vous !

À l'école

4 Lucie doit faire ses devoirs. Lis et note le numéro de l'instruction sous le bon dessin.

Devoirs pour la maison

1. Choisis une photo de ton animal préféré dans un magazine.
2. Découpe la photo.
3. Colle la photo dans ton cahier de sciences.
4. Apporte ton cahier à l'école.
5. Montre le cahier et la photo à toute la classe.

Pour te dire de faire quelque chose :
Découp**e** une feuille ! Coll**e** une image ! Apport**e** des ciseaux !
Montr**e** ton dessin ! Choisi**s** une photo !

UNITÉ 2

Qu'est-ce qu'on mange au déjeuner ?

1 Wataru décrit le déjeuner à l'école au Japon. Lis son texte et regarde les images.

Le matin : le petit déjeuner
Le midi : le déjeuner
Le soir : le dîner

Au Japon, il n'y a pas de cantine ; on mange dans la classe avec le professeur. Les élèves servent les autres élèves.

Tout le monde porte un uniforme blanc pour ne pas salir ses habits.

Les enfants préparent les tables. D'abord, on lave les tables. Après, on met les plateaux et les baguettes sur les tables.

Après le repas, on range et on nettoie la salle de classe. Ensuite, on se brosse les dents.

Les Japonais mangent avec des baguettes.

Dans le menu, il y a souvent des légumes, une soupe, de la viande ou du poisson. Il y a aussi du pain, des nouilles ou du riz.

À l'école

2 **a.** Il est midi, c'est l'heure du déjeuner au Japon ! Lis les phrases et regarde les dessins.

b. Écris chaque numéro sous le dessin qui correspond.

❶ Laver les tables.
❷ Servir les plats aux enfants.
❸ Manger avec les baguettes.
❹ Ranger et nettoyer la salle de classe.
❺ Se brosser les dents.

Phrase n° .... Phrase n° .... Phrase n° ....

Phrase n° .... Phrase n° ....

3 À toi ! Raconte comment se passe le déjeuner dans ton pays et ce que tu manges.

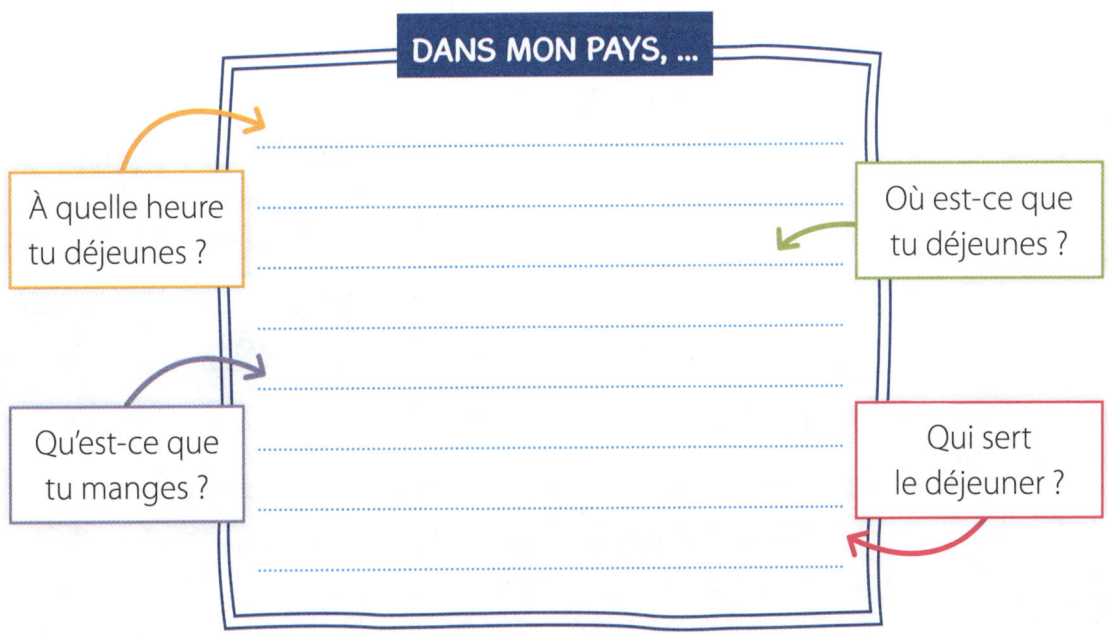

DANS MON PAYS, …

À quelle heure tu déjeunes ?

Où est-ce que tu déjeunes ?

Qu'est-ce que tu manges ?

Qui sert le déjeuner ?

UNITÉ 2

On joue dans la cour de l'école ?

1 C'est la récréation. Les enfants jouent. Regarde les dessins. Entoure les jeux que tu connais.

2 Maintenant écoute et relie chaque enfant à son activité.

Wataru • • joue à la marelle.
Emma • • fait de la corde à sauter.
Lucie • • joue au loup.
Alexandra • • joue à cache-cache.

Boîte à outils

Le verbe « jouer »
Je joue
Tu joues
Il / Elle / On joue

Le verbe « faire »
Je fais
Tu fais
Il / Elle / On fait

3 Et toi ? Tu aimes jouer ? Tu joues à quel jeu pendant la récréation ? Comment s'appelle ton jeu préféré ? Avec qui tu joues à ce jeu ?

4 Regarde le dessin. Dis ce que les enfants font.
– Rafael joue au foot.
– Emma joue à la corde à sauter.
– Wataru joue à cache-cache.
– Jonathan joue à la balle au prisonnier.

Boîte à outils

La corde à sauter   Loup   Cache-cache   Le foot   La balle au prisonnier   Les billes

À l'école

Tu connais bien les élèves de ta classe ? Fais le test !

1 Montre cette liste à un élève de ta classe. Il doit répondre à ces questions sur toi.

– Quelle est la matière préférée de ton ami ? ....

– Quel est le jeu préféré de ton ami ? ....

– Quel est le sport préféré de ton ami ? ....

– Quelle est l'activité préférée de ton ami ? ....

– Est-ce que ton ami mange à la cantine ? ....

– Quel est le plat préféré de ton ami ? ....

– Qu'est-ce que qu'il n'aime pas à l'école ? ....

– Comment il va à l'école ? ....

– Est-ce qu'il a des frères et sœurs ? ....

S'il répond à plus de 6 questions correctement, il te connaît très bien !

2 À toi maintenant de répondre à cette liste de questions sur lui.

– Quelle est sa matière préférée ? ....

– Quel est son jeu préféré ? ....

– Quel est son sport préféré ? ....

– Quelle est son activité préférée ? ....

– Est-ce qu'il mange à la cantine ? ....

– Quel est son plat préféré ? ....

– Qu'est-ce qu'il n'aime pas à l'école ? ....

– Comment il va à l'école ? ....

– Est-ce qu'il a des frères et sœurs ? ....

3 Vérifie ensuite tes réponses avec lui.

PRÉPARE-TOI au DELF PRIM!

S'entraîner pour la compréhension orale — 20 points

Exercice 1 — 6 pts — Regarde les dessins.

Écoute les messages. Note le numéro du message comme dans l'exemple.

Exemple, tu entends : Message 1 : « Moi, à l'école, je n'aime pas manger à la cantine. Je préfère jouer avec mes copains dans la cour de récréation. »
Tu écris 1 sous l'exemple. Attention, nous commençons ! Écoute bien.

Message .... Message .... Message .... *Exemple : Message 1*

Exercice 2 — 8 pts — Regarde les dessins.

Écoute les petits dialogues et note le numéro du dialogue sous l'image correspondante.

Dialogue .... Dialogue .... Dialogue .... Dialogue ....

À l'école

Exercice 3 `6 pts` Lis les questions. Regarde les dessins.

 Écoute Juliette et réponds aux questions.

a. Juliette se lève à quelle heure ?

☐   ☐   ☐

b. Que prend Juliette pour le petit déjeuner ?

☐   ☐   ☐

c. Avec qui Juliette va à l'école ?

☐   ☐   ☐

S'entraîner pour la compréhension écrite `10 points`

Exercice 4

Tu fais tes devoirs pour demain.
Lis les instructions. Note le numéro
de l'instruction sous l'image qui correspond.

Instructions
1. Lis ta poésie.
2. Colle la poésie dans ton cahier.
3. Apprends la poésie par cœur.
4. Fais un dessin pour la poésie.
5. Dis la poésie devant la classe.

n° ....   n° ....

n° ....   n° ....   n° ....

 ## S'entraîner pour la production écrite `18 points`

Exercice 5 `8 pts`   La maîtresse veut connaître les élèves.
Complète le questionnaire.

Le matin, je me lève à ....

Pour venir à l'école, je ....

À l'école, ma matière préférée est ....

À l'école, j'aime faire : ....

À l'école, je n'aime pas : ....

Pendant la récréation, je ....

À midi, je mange à la cantine ?   ☐ Oui
                                  ☐ Non

Est-ce que j'aime la cantine ?   ☐ Oui
                                   ☐ Non

Exercice 6 10 pts
Tu écris une petite lettre en français à un ami pour présenter ta classe et pour parler de tes activités à l'école.

S'entraîner pour la production orale 12 points

Exercice 7
Regarde ces dessins. Qu'est-ce que tu vois ? Raconte cette histoire.

- Tu as entre 40 et 60 points : **BRAVO !** **Tu es un champion !**
- Tu as entre 30 et 40 points : **C'est très bien !**
- Tu as entre 20 et 30 points : **C'est bien !**
- Tu as entre 10 et 20 points : **Pas mal, mais tu dois encore réviser un peu !**
- Tu as entre 0 et 10 points : **Hum, Hum… Il y a encore du travail !**
Révise ce que tu n'as pas bien compris !

UNITÉ 3 — Mes loisirs, mes activités

1 Jonathan écrit à son ami Rafael. Lis la lettre de Jonathan.

Salut Rafael !

J'espère que tu vas bien. Demain, j'ai une compétition de gymnastique. La gymnastique, c'est ma passion !

Je fais ce sport depuis mes 6 ans. Je m'entraîne trois heures par semaine dans le club près de chez moi. Le week-end, il y a aussi des compétitions et j'ai toujours un peu peur avant...

Mais mon entraîneur est très gentil et il m'aide beaucoup : nous sommes une vraie équipe !

Pour l'entraînement, je porte un short et un tee-shirt. Pour les compétitions, je porte l'uniforme du club.

Les anneaux, c'est mon activité préférée ! Il faut être très fort alors je m'entraîne beaucoup !

Je fais aussi du rugby et du roller !

Je t'envoie des photos pour te montrer.

À bientôt,
Jonathan

MON GYMNASE

LA COMPÉTITION

MA TENUE

LES ANNEAUX

UNITÉ 3

2 Réponds aux questions.

a. Quelle est la passion de Jonathan ? ....

b. Il fait ce sport depuis ses  ou ses  ?

c. Il s'entraîne combien d'heures par semaine ? .... heures

d. Quels sont les vêtements de Jonathan pour l'entraînement ?

① ② ③ ④ ⑤ ⑥

e. Quels sont les 2 autres sports que fait Jonathan ?

① ② ③ ④ ⑤

3 Complète maintenant la lettre de Rafael à l'aide des photos.

Salut Jonathan !

Moi, ma passion, c'est le ....
Je fais ce sport depuis mes .... ans.
Je m'entraîne deux heures par semaine dans le club près de chez moi. Le dimanche, il y a aussi des matchs !
Pour l'entraînement, je mets un ....
et un .... J'ai aussi des ....
à crampons.

Rafael

Boîte à outils

Chaussures à crampons

UNITÉ 3

La sortie au musée

1 a. Lis le message et réponds aux questions.

> Chers parents,
> Samedi 7 avril, c'est le jour de notre grande sortie au musée. Nous allons visiter le musée des Sciences. Nous allons partir en bus à 9 h. Rendez-vous à 8 h devant l'école Jean Macé. Merci de préparer un déjeuner pour votre enfant (sandwichs, chips, fruits par exemple). Je vais prendre des bouteilles d'eau. Les enfants doivent prendre un cahier et un stylo : après la visite du musée, nous allons écrire un article dans le journal de l'école.
> Merci et à samedi !
> La maîtresse, madame Mous.

b. Quel est le jour de la sortie ? ....

c. Qu'est-ce que les enfants vont visiter ? ....

d. Le bus part à : ☐ 7 heures.   ☐ 8 heures.   ☐ 9 heures.

e. Où est le rendez-vous ? ....

f. Qu'est-ce que les enfants doivent prendre ?

 ①  ②  ③

☐   ☐   ☐

2 a. Regarde les mots nouveaux dans la boîte à outils, écoute Lucie et réponds aux questions.

b. Qu'est-ce que Lucie voit au musée ?

 ①  ②  ③

☐   ☐   ☐

Boîte à outils
Le dinosaure
Le squelette

34 Mes loisirs, mes activités

c. Quelle est la réaction de Rafael ?

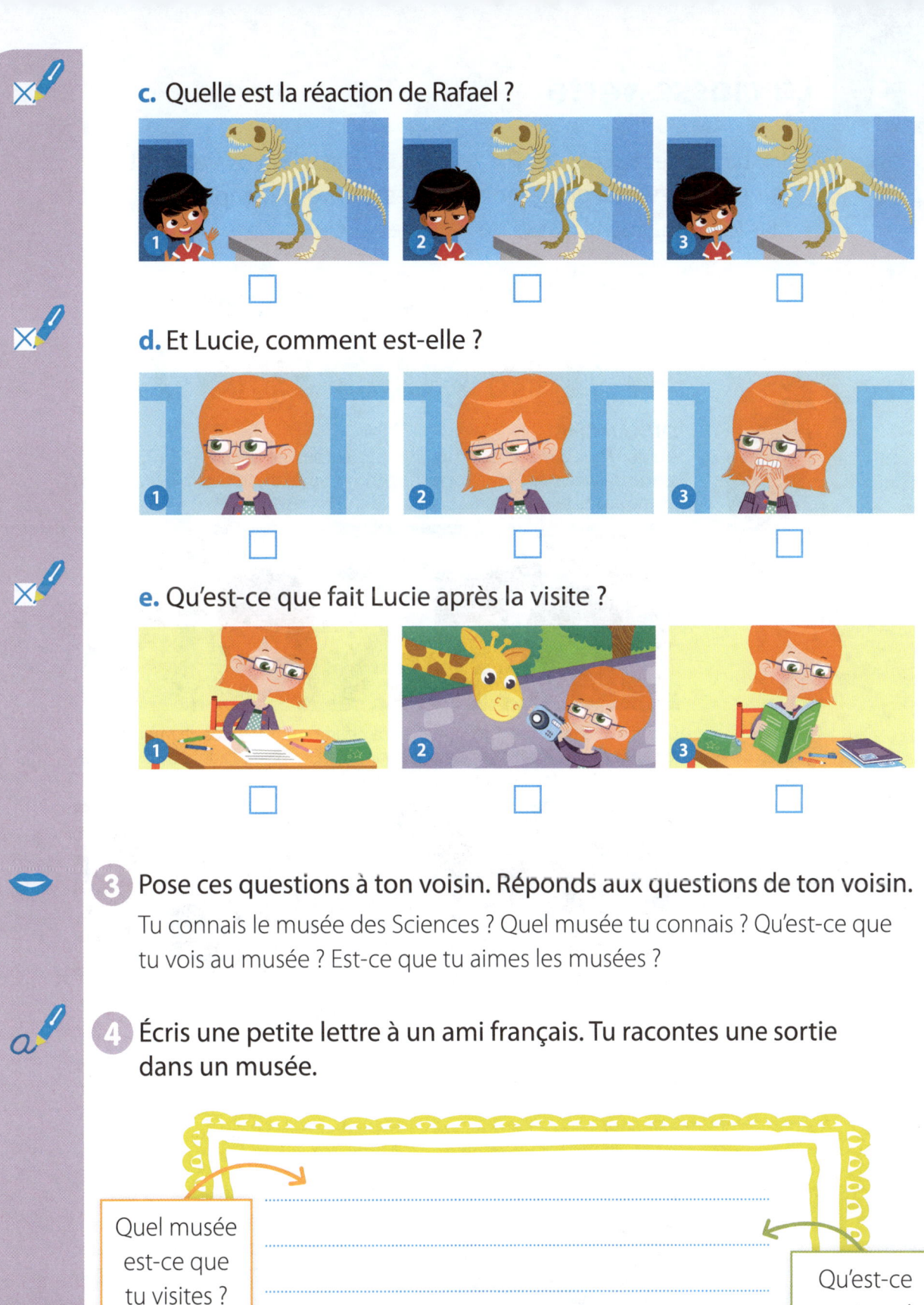

d. Et Lucie, comment est-elle ?

e. Qu'est-ce que fait Lucie après la visite ?

3 Pose ces questions à ton voisin. Réponds aux questions de ton voisin.

Tu connais le musée des Sciences ? Quel musée tu connais ? Qu'est-ce que tu vois au musée ? Est-ce que tu aimes les musées ?

4 Écris une petite lettre à un ami français. Tu racontes une sortie dans un musée.

Quel musée est-ce que tu visites ?

Qu'est-ce que tu vois au musée ?

Tu aimes le musée ?

UNITÉ 3
La classe verte

1 a. La classe de Lucie et Rafael part en classe verte. Pendant une classe verte, on passe quelques jours à la campagne. Lis le journal de la classe de Rafael et Lucie.

Une semaine à la campagne !

DIMANCHE
Aujourd'hui, dimanche, on prend le bus tous ensemble et on part à la ferme de Viltain. Le voyage est super : on chante et on regarde des dessins animés dans le bus.

On arrive à la ferme. On va dans nos chambres. Il y a des chambres pour les filles et des chambres pour les garçons. On passe l'après-midi avec les animaux de la ferme. Voici les animaux de notre ferme :

LUNDI
Aujourd'hui, on va avec les chevaux dans la forêt. Il y a des fleurs et des champignons. Mais il faut faire attention avec les champignons : on ne peut pas tous les manger !

MARDI
Aujourd'hui, on visite une fromagerie et on regarde comment on fait le fromage. Il y a 35 vaches ici ! Après la visite, on mange du fromage. Lucie adore mais Rafael dit : « Beurk, ce n'est pas bon ! »

MERCREDI
Aujourd'hui, on travaille dans la ferme. On donne à manger aux animaux et on cherche les œufs !

JEUDI
C'est déjà le dernier jour ! Au revoir les animaux ! On prend le bus et on est très contents de revoir les parents !

b. Relie les jours de la semaine et les dessins !

DIMANCHE   LUNDI   MARDI   MERCREDI   JEUDI

c. Qu'est-ce que les enfants font dans le bus ?
(Attention, il y a deux bonnes réponses !)

☐   ☐   ☐

☐   ☐

d. Est-ce que Rafael aime le fromage ?

☐ Oui, beaucoup !   ☐ Oui, un peu.   ☐ Non, pas du tout !

e. Tu connais quels animaux de la ferme ? Écris les noms des animaux que tu connais déjà.

Boîte à outils

Les animaux de la ferme

La vache   Le coq
La poule   Le lapin
L'oie   Le mouton
Le cochon   Le poney
Le cheval

UNITÉ 3

La classe verte

2 Maintenant, tu connais les animaux de la ferme.
 🔊 Écoute les enfants et trouve l'animal préféré de chaque enfant.
 23

LUCIE • • 1
EMMA • • 2
KILIMA • • 3
ALEXANDRA • • 4
JONATHAN • • 5
EMIN • • 6
RAFAEL • • 7
WATARU • • 8

3 Et toi ? Décris ton animal préféré et dessine-le !

Mon animal préféré, c'est ....
Il est ....

Boîte à outils

La fleur   Le champignon

Mes loisirs, mes activités

La sortie en forêt

1 Regarde les dessins. Regarde les mots nouveaux dans la boîte à outils. 🔊 Écoute maintenant la petite histoire et mets les dessins dans l'ordre.

Aujourd'hui, Lucie, sa sœur Alice, sa cousine Lisa, ses cousins Maxime, Mathieu et Jules font une promenade en forêt avec les parents de Lucie et Alice.

Boîte à outils

Les animaux de la forêt

L'araignée	La coccinelle	L'escargot	Le loup	Le renard

UNITÉ 3

La sortie en forêt

2 Maintenant, réponds aux questions.

a. Où sont les enfants ? ....

b. Les enfants voient quels animaux ? (Attention, il y a deux bonnes réponses !)

① ☐   ② ☐   ③ ☐   ④ ☐   ⑤ ☐

c. Regarde le dessin et complète avec les mots suivants : un arbre – un papillon – une feuille – une fleur – un oiseau – un escargot.

CHANTE EN FRANÇAIS !

PROMENONS-NOUS DANS LES BOIS, TANDIS QUE LE LOUP N'Y EST PAS, SI LE LOUP Y ÉTAIT, IL NOUS MANGERAIT... LOUP, OÙ ES-TU ? LOUP, QUE FAIS-TU ?

d. Regarde les photos. C'est quel animal ? Comment il s'appelle ?

① ② ③ ④ ⑤

un oiseau   un loup   un renard   un sanglier   un lapin

Mes loisirs, mes activités

RÉVISE !

1 a. Retrouve le sport que fait chaque enfant.
🔊 Écoute et écris le nom du sport à côté des enfants.
[25]

....

....

....

b. 🔊 Écoute encore. Trouve les objets de chaque enfant. Relie chaque enfant à son objet.
[25]

| LUCIE | ALEXANDRA | KILIMA | JONATHAN | WATARU | RAFAEL |

① ② ③ ④ ⑤ ⑥

2 Quel est le sport préféré d'Emma ? Quel est le sport préféré d'Emin ?
Imagine et dessine leurs tenues de sport.

....

Emma

Emin

41

PRÉPARE-TOI au DELF PRIM !

S'entraîner pour la compréhension orale **9 points**

Exercice 1 **4 pts** Regarde les dessins.

Écoute les petits dialogues et note le numéro du dialogue sous l'image correspondante. Attention, nous commençons ! Écoute bien.

Dialogue ....   Dialogue ....

Dialogue ....   Dialogue ....

Exercice 2 **5 pts** Lis les 5 questions. Regarde les images.

Écoute le message et réponds aux questions. Attention, nous commençons ! Écoute bien.

a. Zohra est en vacances avec qui ? ....

b. Qu'est-ce que fait Zohra tous les jours ?

 ☐    ☐    ☐

c. Jeudi, Zohra va : ☐ inviter une amie. ☐ faire des photos. ☐ manger au restaurant.

d. Zohra rentre quand ? ....

e. Qu'est-ce que Zohra veut montrer quand elle rentre ? ....

42 Mes loisirs, mes activités

S'entraîner pour la compréhension écrite

Exercice 3 6 pts   Lis ce petit message puis réponds aux questions.

> Salut Lili,
> Demain, on va visiter une ferme avec la classe à 10 h. Le bus part à 9 h devant l'école. N'oublie pas de prendre ton goûter et un appareil photo.
> Ma maman vient avec nous demain !
> Appelle-moi ce soir !
> Gros bisous, Zoé

a. Où vont Lili et Zoé ?

b. À quelle heure part le bus ？ ☐ 8 heures ☐ 9 heures ☐ 10 heures

c. Que doit prendre Lili avec elle ? (Il y a deux bonnes réponses !)

d. Qui va venir avec les enfants ? ....

e. Quand Lili va téléphoner ? ....

Exercice 4 8 pts Tu lis ce document dans le journal de l'école. Réponds aux questions.

UNE SEMAINE À LA CAMPAGNE AVEC MA CLASSE !

Tous les jours, on se lève à 8 heures. Le petit déjeuner est très bon : on mange du fromage, du pain et on boit du lait. Après, on va marcher dans la forêt. On marche 2 heures tous les matins. On voit beaucoup d'animaux : des oiseaux, des lapins, des renards mais pas de loup ! L'après-midi, on visite les villages. Le soir, on peut lire ou jouer aux cartes. C'est super !

Marius

a. Les élèves commencent la journée à quelle heure ? _____

b. Qu'est-ce qu'ils mangent au petit déjeuner ? (Il y a deux bonnes réponses !)

c. Où vont marcher les élèves ? _____

d. Quels animaux on peut voir ? (Il y a trois bonnes réponses !)

e. Qu'est-ce que les élèves font le soir ?

Mes loisirs, mes activités

S'entraîner pour la production écrite `5 points`

Exercice 5 — Écris une lettre à un ami français. Tu lui dis :
– quel est ton sport préféré ;
– comment tu es habillé pour faire ce sport ;
– quand tu fais ce sport.
Tu lui poses une question sur son sport préféré.

....
....
....
....
....
....

S'entraîner pour la production orale `12 points`

Exercice 6 — Regarde ces dessins. Qu'est-ce que tu vois ? Raconte cette histoire.

1

2

3

4

5

6

Tu as entre 35 et 40 points : **BRAVO !** Tu es un champion !
Tu as entre 30 et 35 points : C'est très bien !
Tu as entre 20 et 30 points : C'est bien !
Tu as entre 10 et 20 points : Pas mal, mais tu dois encore réviser un peu !
Tu as entre 0 et 10 points : Hum, Hum… Il y a encore du travail !
Révise ce que tu n'as pas bien compris !

UNITÉ 4 — Les gens que j'aime

1 Aujourd'hui, la maîtresse a une bonne nouvelle : les enfants ont des correspondants allemands ! Elle donne les fiches de présentation des correspondants.

Lis la fiche d'Emma, la future correspondante de Lucie.

Nom : Becker   **Prénom :** Emma   **Âge :** 10 ans

Adresse : Rosenstrasse 21, Sarrebruck   **Nationalité :** Allemande

J'aime : J'adore le sport. Je fais de la natation et de la gymnastique. J'aime bien faire du vélo et du basket aussi. J'adore manger ! J'aime le chocolat et les fraises ! J'ai un petit chien. J'aime beaucoup mon chien.

Je n'aime pas : Je n'aime pas regarder la télé et jouer à l'ordinateur. Je préfère jouer dehors, à la campagne ou dans la forêt. Je n'aime pas beaucoup l'école !

Ma famille : Je n'ai pas de frère et sœur. Mais j'ai deux cousines : Anika et Anja. Et un cousin, Tobias. Ma maman s'appelle Andrea et mon papa s'appelle Dieter.

Je suis : J'ai les cheveux longs et blonds. J'ai les yeux marron. Je suis grande. Je suis sportive.

Je cherche une correspondante : J'aimerais écrire à une correspondante qui aime les animaux et qui aime jouer. Je veux apprendre le français avec ma correspondante !

---

2 a. 🔊 Écoute maintenant les informations sur Emma et choisis si c'est vrai ou si c'est faux.
[27]

b. Écris ensuite la bonne réponse, comme dans l'exemple.

Information 1
C'est vrai. ☐   C'est faux. ☒

Exemple : Emma a 10 ans.

Information 2
C'est vrai. ☐   C'est faux. ☐

Information 3
C'est vrai. ☐   C'est faux. ☐

Information 4
C'est vrai. ☐   C'est faux. ☐

Information 5
C'est vrai. ☐   C'est faux. ☐

Information 8
C'est vrai. ☐   C'est faux. ☐

....

....

Information 6
C'est vrai. ☐   C'est faux. ☐

Information 9
C'est vrai. ☐   C'est faux. ☐

....

....

Information 7
C'est vrai. ☐   C'est faux. ☐

Information 10
C'est vrai. ☐   C'est faux. ☐

....

....

3 Fais des phrases pour présenter Emma.

Boîte à outils

Pour présenter quelqu'un :
Son prénom, c'est…
Son nom de famille, c'est…
Il / Elle s'appelle…
Il / Elle est italien – italienne / anglais – anglaise.
Il / Elle aime / adore / déteste / préfère le cinéma / la musique / le sport…
Il aime manger. / Elle déteste dormir. / Il préfère jouer.
Il a deux chats. / Elle n'a pas de chien.
Il fait du foot. / Elle fait de la gymnastique.

Il / Elle a … ans.
Il a un frère. / Elle n'a pas de frère.

4 Écoute maintenant Lucie parler avec sa maman et réponds aux questions.
[28]

a. Lucie est contente d'avoir une correspondante ? ou ?

b. Qu'est-ce que Lucie et Emma aiment ? (Il y a deux bonnes réponses.)

1   2   3   4   5

UNITÉ 4

Qui es-tu ?

① Lucie écrit sa première lettre à Emma. Écris la lettre de Lucie : utilise les dessins pour t'aider.

Je ....

....

....

....

....

....

....

....

....

....

....

48 Les gens que j'aime

2 Lucie reçoit maintenant la réponse d'Emma à sa première lettre. Lis les 3 lettres et entoure la lettre d'Emma.

1.
Salut !
Merci pour ta lettre !
Moi aussi, j'ai un frère et une sœur.
Je n'aime pas les chiens et j'ai peur des animaux.
Bises !

2.
Bonjour,
Merci pour ta lettre !
Moi aussi, je déteste le sport. Je préfère regarder la télé et jouer à l'ordinateur.
J'adore aussi l'école !
Bisous !

3.
Coucou !
Merci pour ta lettre !
On adore les animaux toutes les deux, c'est super ! Mon chien s'appelle Fripouille !
Et puis, tu aimes aussi nager, on peut aller à la piscine ensemble !
À bientôt !

3 Emma vient passer une semaine en France chez Lucie. Elle lui téléphone avant. Écoute la conversation et réponds aux questions.

a. Quel jour arrive Emma ? ☐ Lundi ☐ Mardi ☐ Samedi

b. À quelle heure arrive Emma ? 10:00 / 12:00 / 18:00

c. Colorie les cheveux et les yeux d'Emma.

d. Entoure Emma.

e. De quelle couleur sont les cheveux de Lucie ? roux / blonds / noirs

f. Lucie a les yeux…

UNITÉ 4 — Décris-toi !

1 🔊 Écoute et montre les yeux de Kilima, de Lucie et d'Alexandra.

2 Alexandra, Kilima, Emma et Lucie se déguisent ! Relie chaque perruque à son étiquette.

VERT   MARRON   NOIR   BLEU

3 Les garçons sont déguisés. 🔊 Écoute et colorie les perruques.

Boîte à outils

Les yeux — Les cheveux

La couleur des cheveux : blonds, bruns, roux, noirs

Les cheveux : longs, courts, frisés

La taille : grand(e), petit(e)

Les gens que j'aime

Emma est là !

1 🔊 **Écoute** la conversation et réponds aux questions.

a. Quand arrive Emma ?
☐ Dans 10 minutes.   ☐ Dans 20 minutes.   ☐ Dans 30 minutes.

b. Emma arrive…

① ☐   ② ☐   ③ ☐

c. La famille de Lucie va prendre…

① ☐   ② ☐   ③ ☐

d. Comment est Lucie ? Lucie est très _____

2 Lucie et sa famille sont arrivées à la gare. Mais où est Emma ? Regarde le billet de train et aide Lucie à trouver Emma.

Départ 6 h 00 **de Sarrebruck**
Arrivée 8 h 00 **à Paris, gare de l'Est**   place 6

Départ 9 h 00 **de Paris, gare de Lyon**
Arrivée 12 h 00 **à Marseille**   place 52

a. À quelle heure Emma arrive à Marseille ?
☐ 11 h 00   ☐ 12 h 00   ☐ 15 h 00

b. Emma est à quelle place ? Place **6** ou **52** ?

3 Lucie et Emma se retrouvent à la gare. 🔊 **Écoute** les présentations puis joue la scène avec ton voisin ou ta voisine.

Boîte à outils

Pour présenter quelqu'un :
C'est mon père.   C'est ma sœur.
C'est ma mère.   C'est mon ami(e).

Quand on rencontre quelqu'un, on dit :
Enchanté(e) !
Bienvenue à Marseille !
Bienvenue chez moi !

4 Lucie présente Emma à Rafael. Imagine les présentations. Rafael pose des questions à Emma. Imagine les questions.

UNITÉ 4 — Les habits pour le pique-nique

1 Lucie, sa petite sœur Alice, le papa et Emma vont faire un pique-nique dans la forêt samedi. Lucie dit à Emma les habits qu'elle va mettre.

🔊 Écoute Lucie et regarde les dessins. Montre le bon dessin.
[34]

2 Maintenant, 🔊 écoute Emma et colorie les habits qu'elle va mettre.
[35]

Boîte à outils

Les couleurs
Vert
Noir
Bleu
Rouge
Rose
Jaune
Marron
Blanc

3 C'est Lucie qui habille Alice. Sa maman travaille ; elle a écrit la liste des habits qu'Alice doit mettre. Relie chaque habit de la liste au bon dessin.

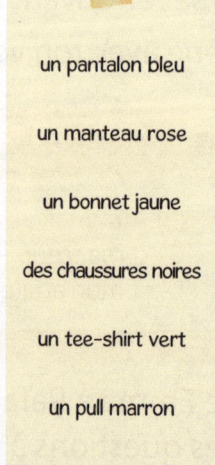

un pantalon bleu

un manteau rose

un bonnet jaune

des chaussures noires

un tee-shirt vert

un pull marron

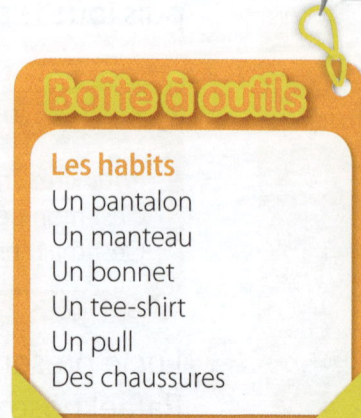

Boîte à outils

Les habits
Un pantalon
Un manteau
Un bonnet
Un tee-shirt
Un pull
Des chaussures

Les gens que j'aime

Un dimanche en famille

1 C'est dimanche ! Lucie et sa famille sont invitées chez les cousins. Emma vient avec eux. Écoute et réponds aux questions.

a. Comment s'appelle la cousine de Lucie ? Elle s'appelle ....

b. Quel âge a-t-elle ? ☐ 7 ans ☐ 12 ans ☐ 13 ans

c. Comment s'appellent les 3 cousins de Lucie ?

J _ _ _ S ; _ _ X _ _ _ et M _ _ H _ _ _

d. Comment s'appelle le plus grand cousin de Lucie ? C'est ....

e. Qui est Jules ?

2 Emma montre des photos de sa famille. Présente ses cousines et son cousin. Décris-les.

Ma cousine Anika

Ma cousine Anja

Mon cousin Tobias

Boîte à outils

Pour présenter sa famille :
C'est mon cousin.
C'est ma cousine.

UNITÉ 4

Un dimanche en famille

 3 Et toi ? Tu as des frères et sœurs ? Des cousins et des cousines ? Ils s'appellent comment ? Ils sont comment ? Qu'est-ce qu'ils font ? Qu'est-ce qu'ils aiment ? Présente-les !

 4 Écris une petite lettre à un ami français pour présenter une personne de ta famille. Décris cette personne.

- Prénom ?
- Âge ?
- Taille ?
- Cheveux ?
- Yeux ?
- Activités préférées ?

Les gens que j'aime

RÉVISE !

Qui est-ce ? Choisis un personnage parmi les dessins et ne le dis pas aux autres élèves. Ils te posent des questions pour deviner qui c'est. Par exemple : « Il a des lunettes ? Il est blond ? C'est un garçon ? »

Tu dois répondre par « oui » ou par « non ». Si la réponse est oui, tu continues. Si la réponse est non, on passe à l'élève suivant. L'enfant qui trouve la bonne réponse choisit à son tour un personnage à faire trouver.

PRÉPARE-TOI au DELF PRIM !

S'entraîner pour la compréhension orale `10 points`

Exercice 1 `4 pts` Regarde les dessins.

Écoute les messages et note le numéro du message, comme dans l'exemple.

Exemple, tu entends : Message 1 : « Bonjour, moi c'est Nelly, mon papa est très grand et il n'a pas de cheveux. Ma maman a un manteau rouge. »
Tu écris 1 sous le dessin qui correspond. Attention, nous commençons ! Écoute bien.

Exemple : Message 1   Message ....   Message ....

Message ....   Message ....

Exercice 2 `6 pts` Lis les questions. Regarde les dessins.

Écoute le message et réponds aux questions.

a. Quand arrive Éva ?

Arrivée vendredi 21 septembre 15 h 30   Arrivée samedi 21 septembre 15 h 00   Arrivée samedi 21 septembre 15 h 30

56 Les gens que j'aime

b. Où est Éva ?

☐ ☐ ☐

c. Comment est Éva ?

☐ ☐ ☐

📖 S'entraîner pour la compréhension écrite `10 points`

`Exercice 3` Lis le message de la maîtresse de Lucie et réponds aux questions.

 a. Aide Lucie et Emma à préparer leurs sacs. Mets ce qu'il faut prendre dans les sacs.

> Chers parents,
> Ce mercredi matin, nous allons observer la nature. Merci de préparer un petit sac à dos pour les enfants avec :
> — Une paire de lunettes de soleil
> — De la crème solaire
> — Une casquette ou un chapeau de soleil
> — Un manteau pour la pluie
>
> Si possible, vous pouvez mettre un appareil photo dans le sac des enfants.
> Merci pour votre aide,
>   La maîtresse

b. Il manque un objet pour une des filles.

Qu'est-ce que c'est ? ....

S'entraîner pour la production écrite 10 points

Exercice 4   Emma écrit une petite lettre à un ami français pour raconter son voyage en France. Écris la lettre.

Les gens que j'aime

S'entraîner pour la production orale (20 points)

Exercice 5 (10 pts) Réponds aux questions suivantes.

Présente ton ou ta meilleur(e) ami(e) !
- Il / Elle s'appelle comment ? Il / Elle a quel âge ?
- Il / Elle a des frères et sœurs ?
- Il / Elle est grand ? petit ? Comment sont ses cheveux ? Comment sont ses yeux ?
- Il / Elle a un animal ? Il s'appelle comment ?
- Qu'est-ce que tu fais avec ton ami(e) ?
- Qu'est-ce qu'il / elle aime ?

Exercice 6 (10 pts) Regarde ces dessins qui racontent une histoire. Raconte cette histoire ! Dis ce qui se passe sur chaque dessin.

Tu as entre 40 et 50 points : **BRAVO !** Tu es un champion !

Tu as entre 30 et 40 points : C'est très bien !

Tu as entre 20 et 30 points : C'est bien !

Tu as entre 10 et 20 points : Pas mal, mais tu dois encore réviser un peu !

Tu as entre 0 et 10 points : Hum, Hum… Il y a encore du travail !
Révise ce que tu n'as pas bien compris !

UNITÉ 5 On s'installe !

1 a. Regarde le dessin. Que se passe-t-il ?

b. 🔊 Écoute le dialogue et entoure les meubles que tu entends.
Il y a quatre bonnes réponses.

| LIT | BUREAU | ARMOIRE | BIBLIOTHÈQUE | TÉLÉVISION |

| ORDINATEUR | CHAISE | CANAPÉ |

c. Montre maintenant ces 4 meubles sur le dessin. Il en manque 1 : lequel ?

d. Trouve le nom des meubles.

ORDINATEUR   TÉLÉVISION   LIT   ARMOIRE

e. 🔊 Écoute et trouve le nom des autres meubles.

TABLE   BUREAU   ÉTAGÈRE   BIBLIOTHÈQUE

f. 🔊 Écoute, complète le nom des meubles et relie les mots aux meubles.

CA _ _ _ É   C _ AI _ E

Boîte à outils

Les meubles de la maison

Une table   Une chaise   Une armoire   Un lit   Un canapé   Un bureau

Une bibliothèque   Une étagère   Un ordinateur   Une télévision

2 a. Tout est là ? Aide le papa de Rafael à vérifier. Regarde le dessin et regarde la liste. Entoure sur la liste les meubles du dessin.

Un lit – Une armoire – Une bibliothèque – Un canapé – Une table

Boîte à outils

Pour demander un mot en français :
Comment ça s'appelle en français ?
Comment on dit en français ?

Boîte à outils

Déménager
Le déménagement

UNITÉ 5

On s'installe !

b. Quel désordre ! Regarde la liste et entoure sur le dessin les meubles qui ne sont pas dans la cuisine.

Meubles pour la cuisine :
– Une table
– Une étagère
– 3 chaises

c. Regarde les meubles et complète la liste de la maman de Rafael.

Meubles pour la chambre :
– ....
– ....
– ....
– ....
– ....

3 Regarde les photos et dis les meubles que tu vois.

4 Lis les instructions du papa de Rafael. Colorie les meubles sur le dessin. Dessine les meubles absents.

Dans la chambre d'Inès, mettez :
– un lit rose
– un petit bureau rose
– une chaise rouge
– une armoire bleue

On s'installe !

C'est dans quelle pièce ?

1 a. 🔊 Écoute les dialogues et montre les pièces de la maison.

b. 🔊 Écoute encore et écris le nom des pièces sous les photos.

La CH _ M _ _ _

La _ _ LL _ de _ AINS

La _ UI _ _ _ _

Le _ _ _ ON

2 Regarde les dessins et écris dans quelle pièce de la maison se trouvent les enfants.

❶ Kilima est dans ....

❷ ....

❸ ....

❹ ....

Boîte à outils

Les pièces de la maison
La cuisine   La chambre   Le salon   La salle de bains   Le jardin

UNITÉ 5

C'est dans quelle pièce ?

3 🔊 Écoute Emma. Où est-elle ? Et où sont les différentes personnes de sa famille ?

- Emma
- La maman d'Emma
- Le papa d'Emma
- La grand-mère d'Emma
- La tortue d'Emma

4 Écris ce que tu fais dans les différentes pièces de la maison.

a. Dans la cuisine, je ....

b. Dans la chambre, je ....

c. Dans le salon, je ....

d. Dans la salle de bains, je ....

e. Dans le jardin, je ....

5 Réponds aux questions.

a. Est-ce que tu regardes la télévision dans ta chambre ?
b. Où est-ce que tu prends ton petit déjeuner ?
c. Qu'est-ce que tu fais dans ta chambre ?
d. Est-ce que tu fais tes devoirs dans la cuisine ?
e. Où est-ce que tu te brosses les dents ?
f. Est-ce que tu dors dans le salon ?
g. Qu'est-ce que tu fais dans le jardin ?

Boîte à outils

Les activités quotidiennes

Je lis	Je regarde la télé	Je joue	Je fais mes devoirs
Je dors	J'adore manger	J'aime jouer	Je déteste écrire
Je me lave	Je me coiffe	Je me brosse les dents	
Je prépare le repas	Je mange		

On s'installe !

Quel est ton animal préféré ?

1 a. Rafael va avoir un animal à la maison. Il ne sait pas lequel choisir. Aide-le ! Lis les descriptions du poisson rouge, du chien, du chat et du hamster.

Le poisson rouge

Mets ton poisson rouge dans un aquarium assez grand. Change l'eau de l'aquarium une fois par semaine. Mets un peu de sable et des plantes dans l'aquarium. Les poissons adorent manger les plantes. Ils se cachent derrière aussi.

Un poisson rouge peut vivre plus de 20 ans.

MENU

Miam miam…
Donne à manger à ton poisson une fois par jour.

Le chien

Il existe des chiens très petits ou très grands, des chiens de toutes les couleurs aussi : marron, noir et blanc, gris…

Le chien choisit une place tranquille pour dormir.

Il faut sortir ton chien 3 fois par jour.

Les chiens n'aiment pas être seuls.

MENU

Miam miam…
Il faut donner à manger à ton chien une fois par jour (des croquettes par exemple) et laisser tout le temps de l'eau. Ne donne pas de petits os à ton chien, c'est dangereux !

UNITÉ 5 — Quel est ton animal préféré ?

Le chat

Le chat adore jouer, c'est son activité préférée ! Il commence à jouer vers 4 semaines. Attention, le chat fait ses griffes sur les objets ou sur les meubles ! Les chats dorment beaucoup, sur les canapés, les lits ou les fenêtres par exemple !

Il fait caca dans une litière. Il faut nettoyer souvent la litière de ton chat.

MENU

Miam miam…
Le chat mange plusieurs fois par jour. Il mange des croquettes ou des morceaux de viande.

Le hamster

Il est petit, il fait de 13 à 15 centimètres et pèse environ 120 grammes ! Le hamster dort le jour et vit la nuit. Il aime beaucoup se cacher. Ne mets pas ton hamster dans une cage trop petite.

Le hamster peut vivre 3 ans.

MENU

Miam miam…
Le hamster mange plusieurs fois par jour des plantes, des graines, des fruits, des insectes, etc.

On s'installe !

b. Maintenant, réponds aux questions.

1. Quel animal vit environ 3 ans ?
2. Quel animal mange des fruits ?
3. Quel animal adore jouer ?
4. Quel animal n'aime pas être seul ?
5. Quel animal vit dans l'eau ?
6. Quel animal fait ses griffes ?
7. Quel animal pèse 120 grammes ?
8. Quel animal doit sortir 3 fois par jour ?
9. Quel animal vit la nuit ?
10. Quel animal se cache derrière les plantes ?

c. Entre ces 4 animaux, lequel tu aimes le plus ? Dis pourquoi.
À ton avis, Rafael va choisir quel animal ?

d.  Écoute le vétérinaire parler de 4 animaux et trouve-les !
Écris leur nom.

Animal 1 : ....   Animal 3 : ....

Animal 2 : ....   Animal 4 : ....

2 🔊 Écoute la petite fille et dessine les animaux dans la bonne pièce de sa maison.

3 Décris un animal. Ton voisin doit trouver quel est l'animal. Ensuite, ton voisin décrit un animal et tu dois trouver l'animal.
Il est petit. Il est…

UNITÉ 5 — La maison de campagne

Lis le texte qui raconte le week-end d'Alexandra et associe les parties du texte avec les images correspondantes.

1. Le week-end, Alexandra et sa famille partent de Moscou et vont dans leur datcha, une petite maison à la campagne. Beaucoup de familles russes ont une petite maison à l'extérieur de la ville.

2. À la campagne, on se repose, on se promène dans la nature, on va dans la forêt pour chercher des champignons.

3. À la campagne, on ramasse des tomates et des pommes de terre dans le jardin.

4. À la campagne, on prépare des conserves de cornichons.

5. S'il fait beau, on mange dehors des brochettes et des salades. S'il fait froid, on boit du thé dans la maison.

6. Le dimanche, on rentre en ville en voiture avec tous les bons produits de la maison de campagne.

Numéro ....   Numéro ....   Numéro ....

Numéro ....   Numéro ....   Numéro ....

On s'installe !

RÉVISE !

Regarde les deux maisons. Il y a sept différences.
Dis quelles sont ces différences et entoure-les.

1

2

PRÉPARE-TOI au DELF PRIM !

S'entraîner pour la compréhension orale — 14 points

Exercice 1 — 6 pts — Regarde les dessins.
Écoute les messages. Note le numéro du message, comme dans l'exemple.

Exemple, tu entends : Message 1 : « Moi, à l'école, je n'aime pas manger à la cantine. Je préfère jouer avec mes copains dans la cour de récréation. »

Tu écris 1 sous l'exemple. Attention, nous commençons ! Écoute bien.

Exemple : Message 1   Message ....   Message ....   Message ....

Exercice 2 — 8 pts — Regarde les dessins.
Écoute les petits dialogues et note le numéro du dialogue sous le dessin correspondant. Attention, nous commençons ! Écoute bien.

Dialogue ....   Dialogue ....   Dialogue ....   Dialogue ....

On s'installe !

S'entraîner pour la compréhension écrite

Exercice 3   Lis la lettre de ton ami français et réponds aux questions.

> Salut !
> J'ai une bonne nouvelle : j'ai une nouvelle maison !
> Ma nouvelle maison n'est pas très grande, mais elle est jolie. Il y a un petit jardin avec des tomates et des fleurs.
> Dans ma maison, il y a 5 pièces : la cuisine, la salle de bains, le salon, la chambre de mes parents et ma chambre.
> J'aime bien ma chambre. J'ai un beau bureau avec un ordinateur et j'ai un poster de mon chanteur préféré au mur.
> Et toi ? Comment est ta maison ?
>
> À bientôt,
> Ton ami Dimitri

 a. Comment est la maison de Dimitri ?

☐   ☐   ☐

 b. Il y a combien de pièces dans la maison de Dimitri ? ....

 c. Comment est la chambre de Dimitri ?

☐   ☐   ☐

S'entraîner pour la production écrite `10 points`

Exercice 4   Tu écris une petite lettre en français à un ami pour parler de ta maison et de ta chambre.

S'entraîner pour la production orale `10 points`

Exercice 5   `6 pts`   Parle de toi ! Réponds aux questions suivantes.

- Comment est ta maison ? Il y a combien de pièces ?
- Comment est ta chambre ? Il y a combien de meubles ? Quels meubles ? Qu'est-ce que tu fais dans ta chambre ?
- Qu'est-ce que tu fais quand tu es dans la salle de bains ? Dans le salon ? Dans la cuisine ?
- Tu as un animal ? Il s'appelle comment ? Il est comment ?

Exercice 6 4 pts Regarde ces dessins qui racontent une histoire. Raconte cette histoire ! Dis ce qui se passe sur chaque dessin.

- Tu as entre 35 et 40 points : **BRAVO !** Tu es un champion !
- Tu as entre 30 et 35 points : C'est très bien !
- Tu as entre 20 et 30 points : C'est bien !
- Tu as entre 10 et 20 points : Pas mal, mais tu dois encore réviser un peu !
- Tu as entre 0 et 10 points : Hum, Hum… Il y a encore du travail ! Révise ce que tu n'as pas bien compris !

UNITÉ 6 Mes vacances et mes fêtes

1 C'est l'été. Pendant les vacances, Lucie part en colonie de vacances sur une île : la Corse ! Lis le document.

15 juin 2014

Mes parents travaillent au mois de juillet, alors je pars 15 jours en colonie de vacances avec d'autres enfants de toute la France.
Je vais en Corse. C'est une très belle île : il y a la montagne et la mer.
En Corse, il fait très chaud l'été : 35-40 degrés !
Dans la colo, il y a un directeur : c'est le chef de la colo ! Il y a aussi des animateurs : ils s'occupent des enfants, organisent les activités, jouent avec les enfants. Il y a aussi une cuisinière : elle prépare tous les repas.
On dort dans un château. On est 4 dans une chambre : on doit faire les lits et ranger la chambre !
C'est ma première colo : j'ai un peu peur, je ne connais pas les autres enfants !

Colonie de vacances : « Nature et aventure »
7-12 ans / été

2 Sur quelle île part Lucie ? ....

3 Quand Lucie part en vacances ? Entoure la saison.

a

b

c

d

4 Quel mois part Lucie ? ....

 5 Lucie part combien de temps ? ....

 6 Lucie fait sa valise. Entoure la bonne valise.

 7 Lis et choisis oui ou non.

a. Les parents de Lucie travaillent au mois de juillet ?   ☐ Oui   ☐ Non

b. Lucie part en vacances avec ses parents ?   ☐ Oui   ☐ Non

c. Tous les enfants de la colo viennent de Marseille ?   ☐ Oui   ☐ Non

 **8** Que font les animateurs ?

 9 Comment s'appelle la colonie que Lucie choisit ?

....

UNITÉ 6

Vive la colo !

 1 L'équipe de la colo se présente sur son site Internet. Lis les présentations.

Je commence, je me présente : moi, c'est Guillaume. Je suis le directeur de la colo ! Je suis sportif et j'adore la montagne !

Moi, je suis Zacharie, je suis animateur, j'ai 21 ans, je suis musicien. J'adore construire des cabanes dans les arbres.

Salut, je m'appelle Jasmine, je suis animatrice. Ma passion, c'est la danse et j'adore aussi me déguiser en fée !

Coucou, je suis Amandine, la cuisinière ! J'aime chanter et faire de gros gâteaux au chocolat !

 2 Relie chaque personne à la chose qu'elle aime.

 1    2    3    4

LE DIRECTEUR   L'ANIMATRICE   LA CUISINIÈRE   L'ANIMATEUR

Mes vacances et mes fêtes

3 C'est le jour du départ pour la Corse ! À son arrivée, Lucie téléphone à ses parents pour raconter la journée. 🔊 Écoute la conversation et mets les photos dans l'ordre.
[46]

Numéro ......   *Numéro 1*   Numéro ......   Numéro ......   Numéro ......

4 Le journal publie un article sur la colonie de vacances de Lucie. Lis l'article et relie les phrases aux photos.

Vive la colo de vacances en Corse cet été !

Des enfants de la ville de Marseille passent 15 jours en Corse au mois de juillet. Ils dorment dans un beau château : il a 10 chambres et un grand parc. Ils font beaucoup d'activités.

❶ Ils font du poney.
❷ Ils font des courses à moto.
❸ Ils jouent dans le parc.
❹ Ils déjeunent dans le salon du château.
❺ Ils fêtent des anniversaires.

5 Quelques jours plus tard, Lucie téléphone à son papa.
🔊 Écoute les informations et entoure les phrases correspondantes dans l'article.
[47]

6 Lucie écrit un message à ses parents pour raconter ses vacances. Écris le message de Lucie. Tu peux t'aider des photos.

UNITÉ 6 — C'est Carnaval ! On se déguise ?

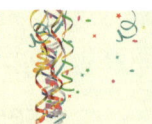

1 Les enfants racontent comment se passe la fête de Carnaval dans leur pays. Lis les textes suivants et réponds aux questions.

Le Carnaval aux États-Unis

À Chicago, on ne fête pas beaucoup le Carnaval. Mais cette année, je vais chez ma tante à la Nouvelle-Orléans et la fête est magnifique ! Pour Mardi Gras, il y a un grand défilé, avec des chars et tout le monde est dans la rue. On choisit un roi et une reine du Carnaval. Toute la ville est décorée avec les couleurs du Carnaval : violet, vert et or.

Le Carnaval en Russie

Chez moi, on fête Maslenitsa. La fête dure une semaine. On mange des crêpes. Il y a des chants et des danses traditionnelles. À la fin de la fête, il y a un défilé et, à minuit, on fait un feu avec le personnage de Maslenitsa pour fêter la fin de l'hiver et le début du printemps.

Le Carnaval en Allemagne

J'aime bien le Carnaval : je prépare des beignets avec ma maman. On se déguise, on met des masques et on s'amuse. Il y a un défilé dans la ville avec des chars. À minuit, on brûle la poupée de Carnaval. Pendant quelques jours, le roi des Fous est le chef de la ville.

a. Dans quels pays est-ce qu'on fait un feu pour le Carnaval ? (2) ....

b. Dans quels pays est-ce qu'il y a un défilé ? (3) ....

c. Dans quels pays est-ce qu'il y a un roi du Carnaval ? (2) ....

d. Qui mange des crêpes ? (1) ....

e. Qui mange des beignets ? (1) ....

Mes vacances et mes fêtes

2 **a.** Observe bien les déguisements. Lis aussi les noms des personnages.

Zorro | Danseuse de flamenco | Indienne | Pirate
Supergirl | Mousquetaire | Pierrot | Princesse

b. C'est Carnaval ! Les enfants se déguisent. Relie les vêtements de chaque enfant pour faire son costume.

- J'aimerais bien me déguiser en pirate !
- J'aimerais bien me déguiser en princesse !
- J'aimerais bien me déguiser en indienne !
- J'aimerais bien me déguiser en Supergirl !
- J'aimerais bien me déguiser en danseuse de flamenco !
- J'aimerais bien me déguiser en Zorro !
- J'aimerais bien me déguiser en mousquetaire !
- J'aimerais bien me déguiser en pierrot !

c. 🔊 Écoute les enfants et vérifie tes réponses. Regarde les mots nouveaux dans la boîte à outils.

d. Et toi, comment veux-tu te déguiser pour Carnaval ? Décris ton costume.

Boîte à outils

Pour te déguiser :
Le masque
Se maquiller
Porter un costume
Se déguiser

Boîte à outils

Les bottes L'éventail L'épée La cape Le chapeau Le bandeau La couronne

UNITÉ 6

Le cirque, c'est génial !

1 Aujourd'hui, c'est l'anniversaire d'Emin.
🔊 Écoute le dialogue et écris le cadeau surprise d'Emin.
[49]

La surprise d'Emin : Emin va au _ _ _ _ _ _ _ avec sa famille.

2 Regarde le dessin. Tu connais quels animaux ? Écris les noms.
🔊 Écoute la conversation pour t'aider !
[50]

3 a. Lis le texte d'Emin sur le cirque et relie les dessins aux mots soulignés.

> Rédaction de français :
> Quel est votre métier préféré ?
>
> Ma journée au cirque
>
> Au cirque, il y a beaucoup d'animaux : des singes, des éléphants, des perroquets, des lions, des ours et même un phoque !
> J'aime le cirque et je voudrais travailler dans un cirque. J'aime le métier de jongleur, il faut jouer avec des balles et c'est très difficile.
> J'aime aussi les clowns : ils sont vraiment très amusants. Et j'aime bien les vêtements de toutes les couleurs.
> Pour être funambule ou trapéziste, c'est difficile. Le funambule marche sur un fil dans le ciel et le trapéziste fait de la balançoire.
> Mais le métier que je préfère, c'est dresseur : on travaille avec des animaux sauvages et j'adore les lions !

1

2

3

4

5

80 Mes vacances et mes fêtes

b. Lis le texte d'Emin encore une fois et choisis si c'est vrai ou faux.

① Le métier préféré d'Emin, c'est funambule.　　C'est vrai. ☐　　C'est faux. ☐

② Le clown est amusant.　　C'est vrai. ☐　　C'est faux. ☐

③ Le trapéziste joue avec des balles.　　C'est vrai. ☐　　C'est faux. ☐

④ C'est difficile d'être funambule.　　C'est vrai. ☐　　C'est faux. ☐

⑤ Le funambule marche sur un fil dans le ciel.　　C'est vrai. ☐　　C'est faux. ☐

Boîte à outils

Les animaux du cirque
Le lion　　L'ours　　Le singe　　Le cheval
L'éléphant　Le perroquet　Le phoque

Les métiers du cirque
Le clown　　Le jongleur
Le dresseur　Le trapéziste
Le funambule

c. 🔊 Écoute la chanson. De qui est-ce qu'on parle ?
Dessine la personne qui est décrite dans la chanson !

LE _ _ _ _ _ _

J'ai un gros nez rouge,
deux traits sous les yeux,
un chapeau qui bouge,
un air malicieux, de grandes savates,
un grand pantalon et quand ça me gratte,
je saute au plafond !

4 🔊 Écoute le document. Les animaux jouent avec des ballons.
Dessine et colorie les ballons à la bonne place.

Boîte à outils

Sur

Sous

Dans

UNITÉ 6

Bonne fête de Saint-Nicolas !

1 Lucie a reçu une lettre d'Emma. Lis la lettre et découvre la fête de Saint-Nicolas.

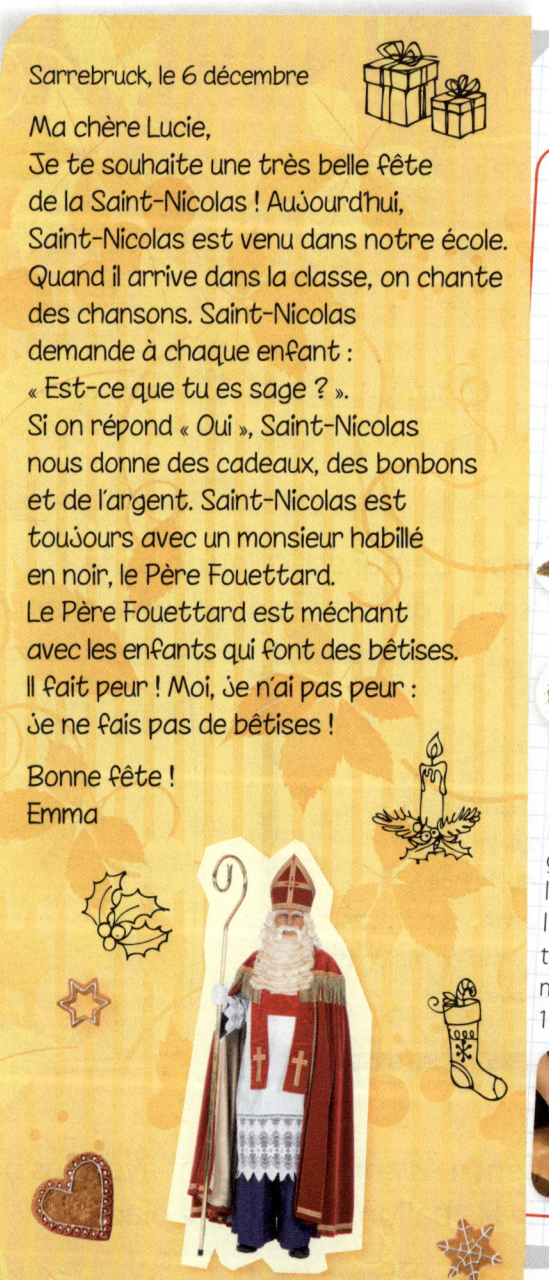

Sarrebruck, le 6 décembre

Ma chère Lucie,
Je te souhaite une très belle fête de la Saint-Nicolas ! Aujourd'hui, Saint-Nicolas est venu dans notre école. Quand il arrive dans la classe, on chante des chansons. Saint-Nicolas demande à chaque enfant :
« Est-ce que tu es sage ? ».
Si on répond « Oui », Saint-Nicolas nous donne des cadeaux, des bonbons et de l'argent. Saint-Nicolas est toujours avec un monsieur habillé en noir, le Père Fouettard.
Le Père Fouettard est méchant avec les enfants qui font des bêtises.
Il fait peur ! Moi, je n'ai pas peur : je ne fais pas de bêtises !

Bonne fête !
Emma

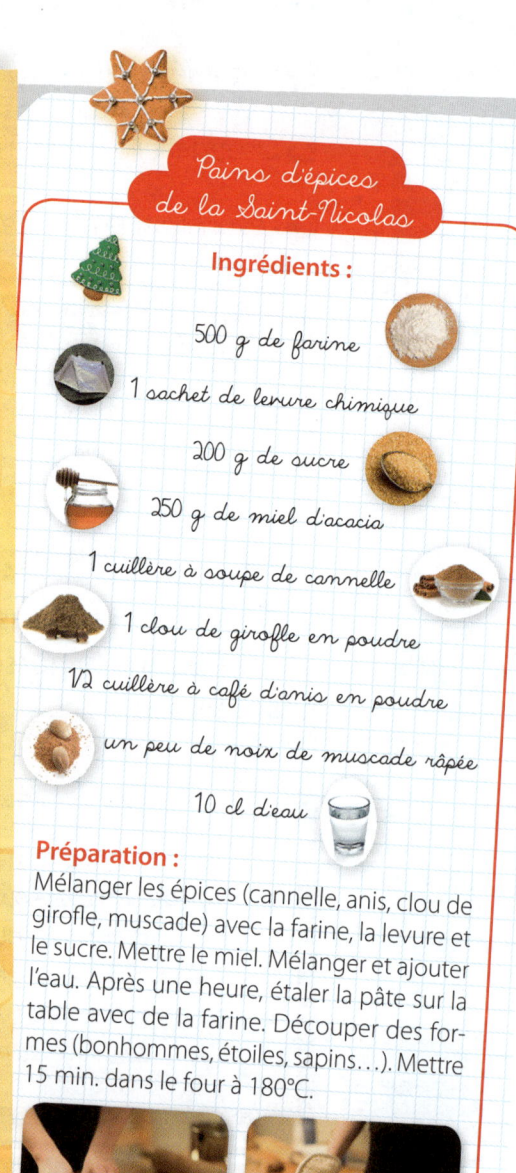

Pains d'épices de la Saint-Nicolas

Ingrédients :
- 500 g de farine
- 1 sachet de levure chimique
- 200 g de sucre
- 250 g de miel d'acacia
- 1 cuillère à soupe de cannelle
- 1 clou de girofle en poudre
- 1/2 cuillère à café d'anis en poudre
- un peu de noix de muscade râpée
- 10 cl d'eau

Préparation :
Mélanger les épices (cannelle, anis, clou de girofle, muscade) avec la farine, la levure et le sucre. Mettre le miel. Mélanger et ajouter l'eau. Après une heure, étaler la pâte sur la table avec de la farine. Découper des formes (bonhommes, étoiles, sapins…). Mettre 15 min. dans le four à 180°C.

2 Projet de classe : comme Emma, décrivez une fête typique de votre pays.

  a. Choisissez ensemble une fête particulière.
  b. Qu'est-ce qu'on fait de spécial pour cette fête ? Racontez !
  c. Qu'est-ce qu'on mange de spécial pour cette fête ? Écrivez une recette.
  d. Cherchez des photos et des dessins pour illustrer.
  e. Préparez un poster en français sur cette fête.

Mes vacances et mes fêtes

RÉVISE !

1 a. C'est Carnaval. Les garçons se déguisent.
🔊 Écoute la description et relie chaque garçon à son masque.
53

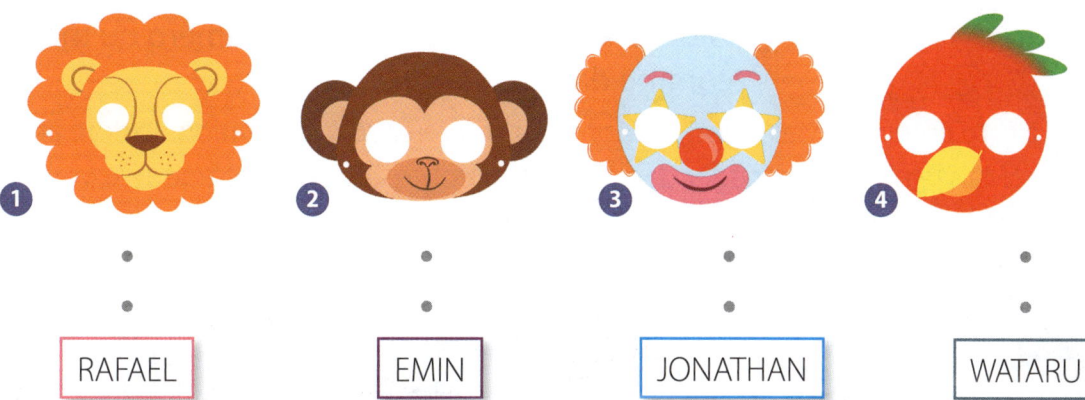

| 1 | 2 | 3 | 4 |

RAFAEL   EMIN   JONATHAN   WATARU

b. Comment sont déguisés les garçons ?

Rafael est déguisé en ....   Jonathan est déguisé en ....

Emin est déguisé en ....   Wataru est déguisé en ....

2 a. Quel est ton animal préféré ?

Mon animal préféré, c'est le ....

c. Maintenant, dessine ton animal préféré sur ton masque.

b. Comment est ton animal préféré ?

Mon animal préféré est ....
....
....

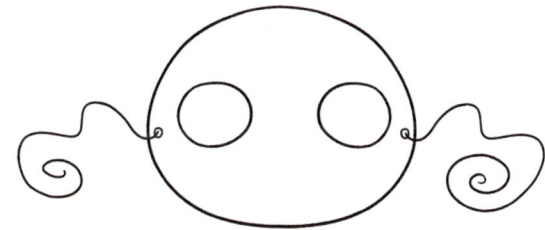

3 Choisis le déguisement de Lucie, Emma, Alexandra ou Kilima et dessine-le.

 J'aimerais bien me déguiser en princesse !

 J'aimerais bien me déguiser en indienne !

 J'aimerais bien me déguiser en Supergirl !

 J'aimerais bien me déguiser en danseuse de flamenco !

PRÉPARE-TOI au DELF PRIM !

S'entraîner pour la compréhension orale   17 points

Exercice 1   8 pts   Regarde les dessins.
Écoute les messages et note le numéro du message, comme dans l'exemple.

Exemple, tu entends : Message 1 : « Mon sport préféré, c'est la natation. J'adore aller à la piscine. Mais je n'aime pas nager dans la mer. » Écoute encore. Message 1 : « Mon sport préféré, c'est la natation. J'adore aller à la piscine. Mais je n'aime pas nager dans la mer. »
Tu écris 1 sous l'exemple. Attention, nous commençons ! Écoute bien.

Message ....

Message ....

Message ....

Message ....

Exemple : Message 1

Exercice 2   9 pts   Lis les 4 questions. Regarde les images.
Écoute le message et réponds aux questions.
Nous commençons. Écoute bien.

a. Ana appelle pour voir quel spectacle ?

☐   ☐   ☐

b. Tu vas chez Ana quel jour ? ....

84   Mes vacances et mes fêtes

c. Tu dois aller chez Ana à quelle heure ? ☐ 11h00 ☐ 12h00 ☐ 13h00

d. Qu'est-ce que tu dois apporter chez Ana ?

a    b    c

📖 S'entraîner pour la compréhension écrite `12 points`

Exercice 3 `4 pts` Lis ce petit message et réponds aux questions.

> Nous allons organiser le Carnaval à l'école le mardi 4 mars.
> Toute la classe va se déguiser. Il faut apporter des déguisements et du maquillage.
> Nous allons choisir le plus beau déguisement : le gagnant va recevoir un vélo.

a. Qu'est-ce que tu vas faire avec la classe ?

1    2    3

☐   ☐   ☐

b. À quelle date ? ....

c. Qu'est-ce qu'il faut apporter ?

1    2    3

☐   ☐   ☐

d. Que va gagner le plus beau déguisement ? ....

Exercice 4 — 8 pts — Tu lis ce texte sur un site Internet. Réponds aux questions.

Journal de la colo Youpala – Mai 2014 Une semaine à la mer en colo ! Par Théodore

Tous les jours, on se lève à 9 h. On mange tous ensemble. Le petit déjeuner est très bon. Après, on se prépare pour aller à la plage. On fait 2 heures de surf tous les matins. On a 3 professeurs de surf. On fait aussi beaucoup de jeux sur la plage. L'après-midi, on fait des visites dans la ville. Le soir, on peut lire ou jouer aux cartes. C'est super !

a. Les enfants commencent la journée à quelle heure ? ....

b. Il y a combien de professeurs de surf ? ☐ 3   ☐ 7   ☐ 9

c. Où est-ce que les enfants font des jeux ?

....

d. Qu'est-ce que les élèves font le soir ?

☐   ☐   ☐

S'entraîner pour la production écrite — 15 points

Exercice 5 — Tu écris une petite lettre à un ami français. Tu lui racontes une journée de Carnaval (8 lignes environ). Tu peux t'aider des dessins.

....
....
....
....
....
....
....

S'entraîner pour la production orale **6 points**

Exercice 6 Regarde ces images. Qu'est-ce que tu vois ? Raconte cette histoire.

En colo : la journée au cirque

Tu as entre 40 et 50 points : **BRAVO ! Tu es un champion !**
Tu as entre 30 et 40 points : **C'est très bien !**
Tu as entre 20 et 30 points : **C'est bien !**
Tu as entre 10 et 20 points : **Pas mal, mais tu dois encore réviser un peu !**
Tu as entre 0 et 10 points : **Hum, Hum… Il y a encore du travail !**
Révise ce que tu n'as pas bien compris !

TRANSCRIPTIONS

UNITÉ 1 — Je me présente

Activité 3 : Écoute les dialogues et écris le numéro du dessin qui correspond.

Dialogue 1
Lucie : Et voilà l'école ! Elle est petite, tu vois.
Rafael : J'espère que la maîtresse est gentille !

Dialogue 2
Rafael : Salut Lucie ! On est arrivés à Marseille samedi ! On se voit demain pour aller à l'école ?
Lucie : OK Rafael, je viens chez toi à 8h15. Je vais te montrer le chemin.

Dialogue 3
Maman de Rafael : Bonjour, je voudrais inscrire Rafael dans cette école.
Directeur : Oui, bien sûr, quel âge a Rafael ?
Rafael : J'ai 11 ans !

Dialogue 4
Lucie : Tu tournes à droite au bout de la rue et l'école est là !
Rafael : Ah ça va, c'est facile et à pied, c'est à 10 minutes seulement !

Bienvenue dans la classe !

Activité 1 : C'est le premier jour de Rafael dans sa nouvelle école. Regarde le dessin. Écoute la maîtresse et les enfants.

Maîtresse : Bonjour les enfants ! Aujourd'hui, il y a un nouvel élève dans notre classe, il s'appelle Rafael. Dites bonjour à Rafael !
Les enfants : Bonjour Rafael !
Rafael : Bonjour !
Maîtresse : Rafael, est-ce que tu veux te présenter ?
Rafael : Oui. Je m'appelle Rafael Castillo Cortes. Je suis chilien. Je viens de Valparaiso mais maintenant, j'habite ici, à Marseille. Voilà !
Maîtresse : Les enfants, vous avez des questions pour Rafael ?
Un garçon : Je ne comprends pas : quel est ton prénom ?
Rafael : Mon prénom, c'est Rafael et mon nom de famille, c'est Castillo Cortes.
Le garçon : C'est long ! Mon nom de famille, c'est Dupuis, c'est tout !
Rafael : Au Chili, on a deux noms de famille. Castillo, c'est le nom de famille de mon papa et Cortes, c'est le nom de famille de ma maman.
Une fillette : Au Chili, on parle français ?
Rafael : Non. Espagnol.
Une autre petite fille : Tu as quel âge ?
Rafael : J'ai 11 ans.
Un autre garçon : Tu habites où à Marseille ?
Rafael : J'habite 15 rue du Vieux-Port.
Lucie : C'est à côté de chez moi !
Une petite fille : Tu aimes l'école ?
Rafael : Oui, j'aime beaucoup l'école !
Une fillette : Qu'est-ce que tu aimes à l'école ?
Rafael : J'aime l'anglais et la géographie.
Un garçon : Tu aimes le français ?
Rafael : Un peu mais c'est difficile !
Un garçon : Et les mathématiques ?
Rafael : Non, je n'aime pas du tout les mathématiques.
Maîtresse : Merci Rafael. Les enfants ont beaucoup de questions pour toi mais maintenant, il faut travailler ! Les enfants, vous pouvez dire « bienvenue » à Rafael !
Les enfants : Bienvenue Rafael !
Rafael : Merci beaucoup !

Activité 4 c : Maintenant, écoute et vérifie tes réponses !
Un garçon : Rafael, qu'est-ce que tu manges à la cantine ?
Rafael : À la cantine, je mange du poisson.
Une fille : Tu fais de la natation ?
Rafael : Non, je ne fais pas de natation.
Le garçon : Tu fais du sport ?
Rafael : Je fais du football.
Le garçon : Est-ce que tu aimes le tennis ?
Rafael : Non, je n'aime pas le tennis.
La fille : Est-ce que tu fais de la musique ?
Rafael : Oui, je fais du piano.
La fille : Tu as une sœur ?
Rafael : Oui, j'ai une sœur.
La fille : Est-ce que tu as un animal ?
Rafael : J'ai un petit chien.

Activité 6 : Écoute les enfants. Ils parlent de leur pays. Relie les informations comme dans l'exemple.

Rafael : Je m'appelle Rafael. Je viens du Chili. C'est en Amérique du Sud.
Kilima : Je m'appelle Kilima. Je viens du Kenya. C'est en Afrique.
Emma : Je m'appelle Emma. Je viens d'Allemagne. C'est en Europe de l'Ouest.
Alexandra : Je m'appelle Alexandra. Je viens de Russie. C'est en Europe de l'Est.
Wataru : Je m'appelle Wataru. Je viens du Japon. C'est en Asie.
Jonathan : Je m'appelle Jonathan. Je viens des États-Unis. C'est en Amérique du Nord.

Bienvenue au Chili !

Rafael fait découvrir le Chili à sa nouvelle classe. Écoute Rafael, regarde cette page et cherche les différences avec ton pays (couleurs du drapeau, uniforme, rentrée des classes, etc.).

Rafael : Le drapeau du Chili est bleu, blanc et rouge. Le drapeau de la France aussi ! On parle espagnol au Chili. À l'école, les enfants portent un uniforme bleu et gris. Au Chili, l'école commence en mars et finit en décembre. Les enfants vont à l'école du lundi au vendredi. Ensuite, ce sont les grandes vacances ! Il fait très chaud ! Les mois de janvier et février, c'est l'été ! La cordillère des Andes est la plus grande chaîne de montagnes du monde. La *cueca* est la danse traditionnelle. Vers 17 h, on prend la *once* : on boit du thé, on mange du pain, de la confiture, des gâteaux mais aussi de l'avocat, du jambon et du fromage.

En France : qu'est-ce que tu aimes ?

Activité 1 : Regarde les dessins. Écoute et note le numéro du message.

Message 1
Rafael : Aujourd'hui avec ma classe, je vais au musée voir des photos. Je n'aime pas aller au musée. Je préfère aller voir un spectacle.

Message 2
Lucie : Je déteste rester à la maison, le mercredi. Je préfère faire du vélo dans le parc avec mes amis.

Message 3
Rafael : Pendant les vacances, j'adore nager dans la mer. Mais je n'aime pas faire du bateau, je suis malade !

Mon personnage préféré s'appelle…

Activité 1 : Les enfants ont un devoir : faire la présentation de leur personnage préféré. Écoute Lucie et réponds aux questions.

Lucie : Mon personnage préféré s'appelle Hermione Granger. C'est une sorcière et c'est la meilleure amie d'Harry Potter. Hermione a des cheveux longs et bruns. Elle va dans une école de sorciers. Elle lit beaucoup, elle écoute ses professeurs. Elle est aussi très courageuse. Je l'aime beaucoup parce qu'elle est très jolie.

Bonjour, je voudrais…

Activité 1 : Écoute la conversation.
Lucie : Tata, tata !
Tante : Oui, Lucie, je suis là !
Lucie : Je te présente Rafael. C'est mon nouveau copain. Il est chilien.
Tante : Bonjour Rafael !
Rafael : Bonjour madame !
Tante : Tu parles bien français !
Rafael : Merci beaucoup madame !
Tante : À bientôt Raphael !
Rafael : Au revoir madame !

Activité 2 a : Après l'école, Lucie et Rafael vont à la boulangerie. Écoute et entoure ce que Lucie prend.
Lucie : Bonjour monsieur !
Boulanger : Bonjour Lucie ! Qu'est-ce que tu veux aujourd'hui ?
Lucie : Alors, je voudrais trois croissants, deux pains au chocolat et deux baguettes.
Boulanger : Alors, les croissants. Deux, c'est ça ?
Lucie : Non, trois s'il vous plaît !
Boulanger : Voilà, trois croissants. Et combien de pains au chocolat ? Deux, c'est bien ça ?
Lucie : Oui, c'est ça !
Boulanger : Et deux pains ?
Lucie : Non monsieur, je voudrais deux baguettes !
Boulanger : Alors trois croissants, deux pains au chocolat et deux baguettes.

Activité 2 b : Rafael fait les courses pour sa maman. Lis la liste, écoute le dialogue. Rafael rentre. Sa maman n'est pas contente. Pourquoi ? Complète.

Rafael : Bonjour monsieur !
Boulanger : Bonjour, que veux-tu ?
Rafael : Je voudrais deux baguettes, 3 pains au chocolat et un croissant, s'il vous plaît !
Boulanger : Voilà. C'est tout ?
Rafael : Oui, c'est tout. Ça fait combien ?
Boulanger : 6 euros.
Rafael : Voilà !
Boulanger : Merci ! Bonne journée !
Rafael : Bonne journée ! Au revoir !

Révise !

Découvre les personnages du livre ! Écoute les enfants et regarde les dessins. Complète les fiches et mets dans l'ordre les lettres de leur pays.

Emma : Moi, c'est Emma. J'ai 10 ans et je viens de la ville de Sarrebruck, en Allemagne.
Alexandra : Moi, je m'appelle Alexandra. J'ai 10 ans. Je viens de Russie. J'habite dans la ville de Moscou.
Rafael : Moi, je suis Rafael. J'ai 11 ans, je viens de Valparaiso, une ville du Chili.
Wataru : Je m'appelle Wataru, j'ai 9 ans. Je viens du Japon. Ma ville, c'est Tokyo.
Emin : Moi, mon prénom, c'est Emin. Je viens d'Istanbul, en Turquie. J'ai 8 ans.
Jonathan : Moi, c'est Jonathan. Je viens des États-Unis, de la ville de Boston.
Lucie : Moi, c'est Lucie. J'ai 11 ans. Je viens de Marseille, en France.
Kilima : Je m'appelle Kilima. J'ai 8 ans, je viens de la ville de Nairobi, au Kenya.

Prépare-toi au DELF PRIM !
S'entraîner pour la production écrite

Exercice 1 : C'est ton premier jour de classe de français. Remplis cette fiche de renseignements pour ton professeur.

Exercice 2 : Tu écris une petite lettre en français à ton nouveau correspondant pour te présenter et présenter ta famille. Tu parles de ce que tu aimes, à l'école et à l'extérieur de l'école.

S'entraîner pour la production orale

Exercice 1 : Parle de toi ! Réponds aux questions suivantes !

Exercice 2 : Regarde ces dessins qui racontent une histoire. Raconte cette histoire ! Dis ce qui se passe dans chaque dessin.

Exercice 3 : Lis cette situation et joue-la avec ton professeur. Le professeur joue le rôle de ton ami.

UNITÉ 2 — À l'école

Activité 1 : Lucie raconte comment se passent ses journées à l'école en France. Regarde les dessins et écoute Lucie.

Lucie : Le matin, je me réveille à 7 heures. Je me lève et je vais dans la cuisine. Je prends mon petit-déjeuner. Je mange du pain avec du beurre et je bois un chocolat chaud. Je mange aussi des céréales avec du lait. Je vais dans la salle de bains, je me lave et je me brosse les dents. À 8 heures, je prends le bus pendant 20 minutes pour aller à l'école. J'entre dans la classe et je m'installe à ma place. On corrige les devoirs. 10 heures, c'est l'heure de la récréation. On va dans la cour, on joue à chat, on saute à la corde, on joue au ballon. Le midi, je déjeune à la cantine. Je mange une entrée, un plat, un yaourt ou du fromage et un dessert. Je n'aime pas beaucoup la cantine, ce n'est pas très bon ! L'après-midi, on retourne dans la classe. Le lundi et le jeudi, on va aussi faire du sport

TRANSCRIPTIONS

dans la salle de gym. Moi j'adore le judo ! À 16h30, l'école finit. Je vais à pied à mon cours de dessin.

 Activité 4 : Écoute encore Lucie et note le numéro du dessin dans la bonne bulle, comme dans l'exemple.

Lucie : Exemple : a. J'entre dans la classe et je m'installe à ma place. On corrige les devoirs.
b. Le matin, je me réveille à 7 heures. Je me lève et je vais dans la cuisine. c. À 16h30, l'école finit. Je vais à pied à mon cours de dessin. d. Je vais dans la salle de bains, je me lave et je me brosse les dents. e. Je prends mon petit-déjeuner. Je mange du pain avec du beurre et je bois un chocolat chaud. Je mange aussi des céréales avec du lait. f. À 8 heures, je prends le bus pendant 20 minutes pour aller à l'école. g. 10 heures, c'est l'heure de la récréation. On va dans la cour, on joue à chat, on saute à la corde, on joue au ballon. h. L'après-midi, on retourne dans la classe. Le lundi et le jeudi, on va aussi faire du sport dans la salle de gym. Moi j'adore le judo ! i. Le midi, je déjeune à la cantine. Je mange une entrée, un plat, un yaourt ou du fromage et un dessert. Je n'aime pas beaucoup la cantine, ce n'est pas très bon !

Tu fais quoi à l'école ?

 Activité 1 a : Écoute Jonathan. Il parle de sa journée à l'école.

Jonathan : Le matin, je me réveille à 7h15. Je prends mon petit déjeuner. Je me lave et je pars pour l'école. J'attends le bus à l'arrêt de bus et je parle avec mes copains. Le bus arrive à 7h45. J'arrive à l'école à 8h. Mon professeur s'appelle M. Smith. D'abord, il y a le cours d'anglais. J'écris et je lis. Après, il y a le cours de mathématiques. Je fais du calcul. Puis, c'est la leçon d'histoire-géographie. J'écoute le professeur. Ensuite, je change de professeur. C'est Mlle Martin. Elle est professeur de français. J'écoute et je parle en français. À midi, c'est la pause-déjeuner. Je vais à la cafétéria et je mange un sandwich au fromage et une pomme. À 12h30, c'est la leçon d'informatique. Je travaille sur un ordinateur. L'école se termine à 13h30. Je prends le bus.

 Activité 1 b : Écoute une deuxième fois. Montre les images qui correspondent

Jonathan : a. Le matin, je me réveille à 7h15. Je prends mon petit déjeuner. Je me lave et je pars pour l'école. b. J'attends le bus à l'arrêt de bus et je parle avec mes copains. Le bus arrive à 7h45. c. J'arrive à l'école à 8h. Mon professeur s'appelle M. Smith. D'abord, il y a le cours d'anglais. J'écris et je lis. d. Après, il y a le cours de mathématiques. Je fais du calcul. e. Puis, c'est la leçon d'histoire-géographie. J'écoute le professeur. f. Ensuite, je change de professeur. C'est Mlle Martin. Elle est professeur de français. J'écoute et je parle en français. g. À midi, c'est la pause-déjeuner. Je vais à la cafétéria et je mange un sandwich au fromage et une pomme. h. À 12h30, c'est la leçon d'informatique. Je travaille sur un ordinateur. i. L'école se termine à 13h30. Je prends le bus.

Qu'est-ce qu'on doit faire à l'école ?

 Activité 1 : Écoute la maîtresse et montre le bon dessin.
a. Levez la main pour parler les enfants ! Levez la main pour parler les enfants !
b. Rangez vos affaires dans votre cartable ! Rangez vos affaires dans votre cartable !
c. Chuuut, taisez-vous maintenant ! Chuuut, taisez-vous maintenant !
d. Prenez votre livre de mathématiques. Prenez votre livre de mathématiques.

 Activité 3 : Écoute les instructions et écris-les sous les dessins.
a. Rangez votre livre !
b. Prenez votre cahier rouge !
c. Taisez-vous les enfants !
d. Levez la main pour parler !

On joue dans la cour de l'école ?

 Activité 2 : Maintenant, écoute et relie chaque enfant à son activité.
– Wataru joue au loup ?
– Non, Wataru joue à cache-cache. Regarde, il se cache !
– Et Emma, qu'est-ce qu'elle fait ?
– Emma fait de la corde à sauter.
– Et Lucie ?
– Lucie joue au loup avec ses amis.
– Alexandra aussi ?
– Non, Alexandra joue à la marelle.

Prépare-toi au DELF PRIM !
S'entraîner pour la compréhension orale

 Exercice 1 : Regarde les dessins. Écoute les messages. Note le numéro du message comme dans l'exemple.

Exemple, tu entends : Message 1 : « Moi, à l'école, je n'aime pas manger à la cantine. Je préfère jouer avec mes copains dans la cour de récréation. » Tu écris 1 sous l'exemple. Attention, nous commençons ! Écoute bien.

Message 2 : Le matin, j'aime bien manger des tartines de chocolat avec du lait. Mais je déteste me lever tôt. Écoute encore.

Message 3 : Je n'aime pas prendre le bus le matin pour aller à l'école. Je préfère y aller à pied. Écoute encore.

Message 4 : À l'école, je n'aime pas écrire dans mon cahier. J'aime bien faire un exposé devant la classe. Écoute encore.

 Exercice 2 : Regarde les dessins. Écoute les petits dialogues et note le numéro du dialogue sous l'image correspondante.

Dialogue 1
Maîtresse : Les enfants, comment s'appelle la capitale de l'Italie ?
Enfants : Moi, je sais ! Moi, je sais.
Maîtresse : Levez la main pour répondre.
Écoute encore.

Dialogue 2
Une petite fille : Madame, qu'est-ce que c'est ?
Une femme : Des petits pois. Tu veux des petits pois avec ton steak ?
Écoute encore.

Dialogue 3
Une femme : Et surtout, tu n'oublies pas de te laver les dents !
Une petite fille : Oui maman, je suis dans la salle de bains.
Écoute encore.

Dialogue 4
Un petit garçon : Wataru, donne-moi ton assiette. Je te sers du riz.
Wataru : Juste un peu. Merci beaucoup !
Écoute encore.

 Exercice 3 : Lis les questions. Regarde les dessins. Écoute Juliette et réponds aux questions.

Bonjour, je suis Juliette. Tous les jours, je me réveille à 7h30 parce que l'école n'est pas très loin de chez moi. Je mange des céréales avec du lait et je bois un verre de jus d'orange. Après, je vais à l'école à pied avec ma copine Sophie et mon copain Arthur.

S'entraîner pour la compréhension écrite

Exercice 4 : Tu fais tes devoirs pour demain. Lis les instructions. Note le numéro de l'instruction sous l'image qui correspond.

S'entraîner pour la production écrite

Exercice 5 : La maîtresse veut connaître les élèves. Complète le questionnaire.

Exercice 6 : Tu écris une petite lettre en français à un ami pour présenter ta classe et pour parler de tes activités à l'école.

S'entraîner pour la production orale

Exercice 7 : Regarde ces dessins. Qu'est-ce que tu vois ? Raconte cette histoire.

UNITÉ 3 — Mes loisirs, mes activités

La sortie au musée

Activité 2 a : Regarde les mots nouveaux dans la boîte à outils, écoute Lucie et réponds aux questions.

Lucie : Ici, Lucie, je suis au musée des Sciences. On fait une visite avec la classe et je vous raconte notre visite. Écoutez bien ! Oh la la, il y a des dinosaures. Ils sont très grands. Pauvre Rafa ! Il a peur ! Alors Rafa, comment ça va ?
Rafael : Euh, ça va, mais j'ai un peu peur… C'est la première fois que je vois un squelette de dinosaure !
Lucie : Merci Rafa. On continue la visite. On va écrire dans le journal de l'école après la visite. On prend beaucoup de photos. C'est super la visite du musée des Sciences !

La classe verte

Activité 2 : Maintenant, tu connais les animaux de la ferme. Écoute les enfants et trouve l'animal préféré de chaque enfant.

Lucie : Mon animal préféré, c'est le lapin ! Il est très gentil et il adore les carottes !
Emma : Moi, j'adore les vaches ! Elles sont grosses et elles sont très gentilles !
Kilima : Moi, c'est la poule mon animal préféré ! Les poules mangent beaucoup !
Alexandra : Je préfère le coq et j'aime quand il chante : Cocorico !
Jonathan : L'oie est un animal très drôle ! Et puis, elle fait beaucoup de bruit !
Emin : Le plus drôle, c'est le cochon ! Il est tout rose !
Rafael : Le mouton est très mignon, tout doux, tout blanc…
Wataru : Moi j'adore le cheval ! C'est le meilleur ami de l'homme.

La sortie en forêt

Activité 1 : Regarde les dessins. Regarde les mots nouveaux dans la boîte à outils. Écoute maintenant la petite histoire et mets les dessins dans l'ordre.

Aujourd'hui Lucie, sa sœur Alice, sa cousine Lisa, ses cousins Maxime, Mathieu et Jules font une promenade en forêt avec les parents de Lucie et Alice.

1. Il y a du soleil. Les oiseaux chantent. Les enfants cherchent des fleurs. Il y a des papillons de toutes les couleurs.
2. Lucie crie : « Oh la la, regardez, il y a une grosse araignée. J'ai peur ! ».
3. Le cousin de Lucie dit : « Regarde Lucie, il y a aussi une coccinelle. Elle est très jolie ».
4. La famille de Lucie s'installe dans la forêt pour manger une salade et des sandwichs.
5. Le papa de Lucie dit : « Les enfants, est-ce que vous voulez faire un jeu ? » « Oui ! » crient les enfants. « Alors, écoutez bien : qui va trouver la plus grande fleur ? »
6. Les enfants cherchent des fleurs. Ils montrent les fleurs au papa de Lucie. Le papa dit : « Bravo Maxime. Tu as trouvé la plus grande fleur. Et maintenant qui va trouver un escargot ? »
7. Les enfants cherchent un escargot. Et Lucie crie « Voilà un escargot ! »
8. Maxime dit : « Regardez, il y a un loup dans la forêt ! Il a marché ici ! ». Les enfants regardent. « Mais non, dit Lucie, ce n'est pas un loup. C'est un petit renard. C'est la trace de la patte d'un bébé renard ! »
9. Les enfants jouent à « Loup, où es-tu ? ». « Promenons-nous dans les bois, tandis que le loup n'y est pas, si le loup y était, il nous mangerait… Loup, où es-tu ? Loup, que fais-tu ? ». Lucie dit : « Je mets mes chaussettes ».
10. « Promenons-nous dans les bois, tandis que le loup n'y est pas, si le loup y était, il nous mangerait… Loup, où es-tu ? Loup, que fais-tu ? ». Lucie dit : « Je vais vous manger ». Les enfants crient et courent !
11. C'est l'heure de dormir. Les enfants sont dans la tente. Lucie dit : « Maman, raconte-nous une histoire qui fait peur, une histoire avec un loup ».

Révise !

Activité 1 a : Retrouve le sport que fait chaque enfant. Écoute et écris le nom du sport à côté des enfants

Lucie : Ma passion, c'est la danse classique. Tous les mercredis, j'ai un cours de danse. Je porte un tutu rose et des chaussures de danse roses. À la fin de l'année, il y a un spectacle.
Alexandra : J'adore le tennis. Je joue avec mes amis après l'école. Le lundi après-midi, je vais au club de tennis. Je porte un short, des chaussettes et des baskets. Je joue avec des balles jaunes. Je fais des matchs.
Kilima : Ma passion, c'est la natation. Je nage tous les jours après l'école. J'ai des lunettes pour aller sous l'eau.
Jonathan : Je fais de la gymnastique. J'aime beaucoup les anneaux. Je m'entraîne 3 fois par semaine dans le club à côté de chez moi. Je fais aussi des compétitions.
Wataru : J'adore le karaté. Je fais du karaté tous les jours après l'école. Je porte un kimono blanc.
Rafael : J'aime beaucoup le foot. Mon joueur préféré s'appelle Lionel Messi. Je m'entraîne deux fois par semaine. Le dimanche, il y a des matchs. Je porte un short, un tee-shirt et des chaussures à crampons.

Prépare-toi au DELF PRIM !
S'entraîner pour la compréhension orale

Exercice 1 : Regarde les dessins. Écoute les petits dialogues et note le numéro du dialogue sous l'image correspondante. Attention, nous commençons. Écoute bien.

TRANSCRIPTIONS

Dialogue 1
Le maître : Levez bien les bras et sautez vite !
Un petit garçon : Oh la la, c'est difficile !

Dialogue 2
Une petite fille : Tu manges quoi toi ?
Le petit garçon : Je mange un sandwich et une pomme.

Dialogue 3
La petite fille : On peut donner à manger aux cochons ?
Le maître : Oui, vous pouvez donner du pain.

Dialogue 4
Le maître : Regardez le lapin là-bas !
Le petit garçon : Super, je vais le prendre en photo.

Piste 26 — Exercice 2 : Lis les 5 questions. Regarde les images. Écoute le message et réponds aux questions. Attention, nous commençons ! Écoute bien.

Bonjour, c'est Zohra. Je suis en vacances avec mes grands-parents. Tous les jours, on va dans la forêt, c'est super ! Jeudi, on va manger au restaurant. Je rentre dimanche. Tu peux venir chez moi lundi après-midi ? Je veux te montrer les photos. Téléphone-moi vite !

S'entraîner pour la compréhension écrite

Piste 26 — Exercice 3 : Lis ce petit message puis réponds aux questions.

Piste 26 — Exercice 4 : Tu lis ce document dans le journal de l'école. Réponds aux questions.

S'entraîner pour la production écrite

Piste 26 — Exercice 5 : Écris une lettre à un ami français. Tu lui dis quel est ton sport préféré, comment tu es habillé pour faire ce sport, quand tu fais ce sport. Tu lui poses une question sur son sport préféré.

S'entraîner pour la production orale

Piste 26 — Exercice 6 : Regarde ces dessins. Qu'est-ce que tu vois ? Raconte cette histoire.

UNITÉ 4 — Les gens que j'aime

Piste 27 — Activité 2 : Écoute maintenant les informations sur Emma et choisis si c'est vrai ou si c'est faux.

Information 1 : Emma a 9 ans. – Information 2 : Emma est anglaise. – Information 3 : Emma habite à Sarrebruck. – Information 4 : Emma aime le sport. – Information 5 : Emma fait de la danse. – Information 6 : Emma déteste le vélo. – Information 7 : Emma a un petit chat. – Information 8 : Emma aime beaucoup l'école. – Information 9 : Emma a deux frères. – Information 10 : Emma apprend le français.

Piste 28 — Activité 4 : Écoute maintenant Lucie parler avec sa maman et réponds aux questions.

Lucie : Maman, maman, je suis très très contente !
Mère de Lucie : Ah oui ! Pourquoi ?
Lucie : J'ai une correspondante ! C'est super, j'aime bien écrire des lettres et aussi avoir de nouveaux amis !
Mère de Lucie : Comment s'appelle ta correspondante ? Elle vient d'où ?
Lucie : Elle s'appelle Emma. Elle est allemande. Elle aime beaucoup le sport.
Mère de Lucie : Comme toi !
Lucie : Oui ! Elle fait de la natation, du vélo et de la gymnastique !
Mère de Lucie : C'est très bien. Vous aimez le sport toutes les deux.
Lucie : Et aussi, Emma aime bien les animaux !
Mère de Lucie : Comme toi !

Qui es-tu ?

Piste 29 — Activité 3 : Emma vient passer une semaine en France chez Lucie. Elle lui téléphone avant. Écoute la conversation et réponds aux questions.

Lucie : Allô ?
Emma : Bonjour, c'est Emma.
Lucie : Ah bonjour Emma, c'est Lucie. Comment ça va ?
Emma : Ça va très bien et toi ?
Lucie : Moi aussi merci ! Tu arrives quand à Marseille ?
Emma : J'arrive mardi à la gare !
Lucie : À quelle heure ?
Emma : À midi.
Lucie : Tu es comment ?
Emma : J'ai les cheveux longs et blonds. J'ai les yeux marron. Je suis grande.
Lucie : Ah oui, c'est vrai, c'est écrit dans ta fiche !
Emma : Et toi, tu as les cheveux roux et courts et les yeux verts, c'est ça ?
Lucie : Oui, c'est ça !
Emma : À mardi alors !
Lucie : Au revoir et à mardi !

Décris-toi !

Piste 30 — Activité 1 : Écoute et montre les yeux de Kilima, de Lucie et d'Alexandra.

Kilima a de grands yeux marron. Lucie a de beaux yeux verts. Alexandra a de jolis yeux bleus.

Piste 31 — Activité 3 : Les garçons sont déguisés. Écoute et colorie les perruques.

Wataru a les cheveux bruns et longs. Jonathan a les cheveux noirs, courts et frisés. Emin a les cheveux roux et courts. Rafael a les cheveux blonds et longs.

Emma est là !

Piste 32 — Activité 1 : Écoute la conversation et réponds aux questions.

Lucie : Maman, papa, vite, on va être en retard !
Maman de Lucie : Mais non, Lucie, le train d'Emma arrive dans 30 minutes.
Papa de Lucie : On va aller à la gare en voiture. Ne t'inquiète pas, on sera à l'heure !
Lucie : Super, je suis très contente ! Je vais voir Emma !

Piste 33 — Activité 3 : Lucie et Emma se retrouvent à la gare. Écoute les présentations.

Lucie : C'est elle ! C'est elle ! C'est Emma !
Alice : Elle est grande !
Papa de Lucie : Et sa valise aussi est très grande !
Lucie : Emma ! Emma ! Je suis là !
Emma : Bonjour Lucie ! Ça va ?
Lucie : Oui, et toi ? Tu es fatiguée ?
Emma : Un peu !
Lucie : Regarde, c'est ma sœur Alice.
Emma : Bonjour Alice !

Alice : Bonjour Emma, bienvenue à Marseille !
Lucie : Et c'est ma mère !
Maman de Lucie : Enchantée !
Lucie : Et là, c'est mon père !
Papa de Lucie : Bonjour Emma. Donne-moi ta valise ! Je vais t'aider !

Les habits pour le pique-nique

Activité 1 : Lucie, sa petite sœur Alice, le papa et Emma vont faire un pique-nique dans la forêt samedi. Lucie dit à Emma les habits qu'elle va mettre. Écoute Lucie et regarde les dessins. Montre le bon dessin.

Lucie : Pour aller pique-niquer samedi dans la forêt, je vais mettre mon pantalon vert, mon tee-shirt rose, mon pull noir, mon manteau jaune et rouge, mes chaussures bleues et mon bonnet marron et blanc.

Activité 2 : Maintenant, écoute Emma et colorie les habits qu'elle va mettre.

Emma : Alors moi, je vais mettre mes chaussures vertes, mon manteau bleu, mon pantalon noir, mon tee-shirt jaune et mon pull rose.

Un dimanche en famille

Activité 1 : C'est dimanche ! Lucie et sa famille sont invitées chez les cousins. Emma vient avec eux. Écoute et réponds aux questions.

Lucie : Salut tout le monde ! Je vous présente ma correspondante allemande, Emma !
Lisa, Maxime, Mathieu et Jules : Salut Emma !
Lucie : Emma, voici ma cousine Lisa, elle a 13 ans.
Lisa : Bonjour Emma !
Lucie : Et là, ce sont mes 3 cousins, les petits frères de Lisa. Le grand, c'est Maxime. Il a 12 ans.
Emma : Bonjour Maxime !
Maxime : Bonjour Emma !
Lucie : Et regarde, ce sont Mathieu et Jules. Ils ont 8 ans et 7 ans.
Emma : Oh ils sont petits tous les deux ! Et ils ont les yeux bleus tous les deux !
Mathieu : Mais il y a une petite différence ! Moi, je suis roux et mon frère Jules est blond !

Prépare-toi au DELF PRIM !
S'entraîner pour la compréhension orale

Exercice 1 : Regarde les dessins. Écoute les messages et note le numéro du message, comme dans l'exemple.

Exemple : Tu entends : **Message 1 :** Bonjour, moi c'est Nelly, mon papa est très grand et il n'a pas de cheveux. Ma maman a un manteau rouge. Tu écris 1 sous le dessin qui correspond. Attention, nous commençons. Écoute bien !

Message 2
Un petit garçon : Salut, je m'appelle Timo. Mes parents sont blonds. Ma maman a des cheveux très longs.
Écoute encore.

Message 3
Une 2e petite fille : Salut, je suis Aurore. Mes grands-parents ont tous les deux un bonnet noir. Et ils ont un chat : il s'appelle Minouche.
Écoute encore.

Message 4
Un 2e petit garçon : Moi, c'est Félix. Ma maman a un bonnet rose et mon papa adore son manteau marron !
Écoute encore.

Message 5
Une 3e petite fille : Moi, c'est Matilda. Mes parents adorent la couleur jaune. Ma maman porte toujours un pull jaune ! Et j'ai une petite sœur qui a un an.
Écoute encore.

Exercice 2 : Lis les questions. Regarde les dessins. Écoute le message et réponds aux questions.

Salut, c'est Éva ! J'ai mon billet de train ! Je vais arriver samedi 21 septembre à 15 h 30 à la gare de Marseille. Ma place est le numéro 17. Je vais porter un tee-shirt rouge et une jupe bleue. Ma valise est petite et verte.

S'entraîner pour la compréhension écrite

Exercice 3 : Lis le message de la maîtresse de Lucie et réponds aux questions.

S'entraîner pour la production écrite

Exercice 4 : Emma écrit une petite lettre à un ami français pour raconter son voyage en France. Écris la lettre.

S'entraîner pour la production orale

Exercice 5 : Réponds aux questions suivantes. Présente ton ou ta meilleur(e) ami(e) !

Exercice 6 : Regarde ces dessins qui racontent une histoire. Raconte cette histoire ! Dis ce qui se passe sur chaque dessin.

UNITÉ 5 — On s'installe !

Activité 1 b : Écoute le dialogue et entoure les meubles que tu entends. Il y a quatre bonnes réponses.

Lucie : Bonjour Rafael, pourquoi il y a un gros camion devant ta maison ?
Rafael : Bonjour Lucie ! C'est le camion de déménagement, il y a tous nos meubles du Chili dans le camion ! Enfin, ils sont là ! Je suis content !
Lucie : Ah oui, il y a des lits et des armoires.
Rafael : Il y a aussi la télévision et mon ordinateur.

Activité 1 e : Écoute et trouve le nom des autres meubles.

Lucie : Il y a beaucoup de meubles !
Rafael : Oui ! Comment ça s'appelle ça en français ? Je ne connais pas le mot !
Lucie : Pour écrire et travailler ?
Rafael : Oui !
Lucie : C'est un bureau !
Rafael : Et le grand meuble pour ranger les livres, comment ça s'appelle ?
Lucie : C'est une bibliothèque !
Rafael : Et ça ?
Lucie : Pour mettre sur le mur ? C'est une étagère ! Et là, pour manger, c'est une table !
Rafael : Ah oui ! C'est ça ! Merci !

TRANSCRIPTIONS

Piste 40 **Activité 1 f :** Écoute, complète le nom des meubles et relie les mots aux meubles.
Rafael : Et voilà les chaises !
Lucie : Non, il y a une chaise ! Voilà la chaise ! C'est pour la cuisine !
Rafael : Et ça, comment ça s'appelle ?
Lucie : Pour le salon, c'est le canapé !
Rafael : D'accord ! Une chaise et, pour plusieurs personnes, un canapé ! J'ai compris !

C'est dans quelle pièce ?

Piste 41 **Activité 1 a :** Écoute les dialogues et montre les pièces de la maison.
a. Dans cette pièce, je regarde la télé, mon papa lit le journal et ma maman lit un livre. C'est le salon.
b. Dans cette pièce, je joue, je fais mes devoirs et je dors aussi ! C'est la chambre.
c. Dans cette pièce, je me lave, je me coiffe, je me brosse les dents, c'est la salle de bains.
d. Dans cette pièce, on prépare le repas et on mange, c'est la cuisine.

Piste 42 **Activité 3 :** Écoute Emma. Où est-elle ? Où sont les différentes personnes de sa famille ?
Emma : Ma maman est dans le jardin, elle lit un livre au soleil. Ma grand-mère est dans la salle de bains, elle se lave les dents. Mon papa est dans la cuisine, il prépare à manger. Ma tortue est dans ma chambre, elle dort sous le lit. Et moi, je suis dans le salon, je regarde la télévision !

Quel est ton animal préféré ?

Piste 43 **Activité 1 d :** Écoute le vétérinaire parler de 4 animaux et trouve-les ! Écris leur nom.
Animal 1 : C'est un petit animal, il aime vivre seul. Le jour, il dort et la nuit, il est réveillé ! On peut le mettre dans une grande cage.
Animal 2 : C'est le meilleur ami de l'homme. Il déteste être seul ! Il faut s'occuper de lui et le sortir 3 fois par jour ! Il peut être très grand ou très petit !
Animal 3 : Il est petit et il est rouge. Il habite dans un aquarium et peut vivre plus de 20 ans !
Animal 4 : Cet animal adore jouer et dormir ! Il fait caca dans une litière. Attention aux meubles, il aime bien faire ses griffes dessus !

Piste 44 **Activité 2 :** Écoute la petite fille et dessine les animaux dans la bonne pièce de sa maison.
J'ai un très joli chat noir, il dort sur le lit de mes parents. J'ai aussi un gros chien marron et blanc, il adore être sur le canapé du salon. Mon poisson rouge est dans son aquarium, sur la table de la cuisine. J'ai aussi un petit hamster roux, sa cage est dans ma chambre.

Prépare-toi au DELF PRIM !
S'entraîner pour la compréhension orale

Piste 45 **Exercice 1 :** Regarde les dessins. Écoute les messages. Note le numéro du message, comme dans l'exemple.
Exemple, tu entends : Message 1 : « Moi, à l'école, je n'aime pas manger à la cantine. Je préfère jouer avec mes copains dans la cour de récréation. » Tu écris 1 sous l'exemple. Attention, nous commençons ! Écoute bien.

Message 2
Une petite fille : Je préfère faire mes devoirs dans la cuisine, je n'aime pas faire mes devoirs toute seule dans ma chambre.
Écoute encore.

Message 3
Un garçon : L'été, j'aime bien manger dans le jardin. Je n'aime pas manger dans la cuisine.
Écoute encore.

Message 4
Une petite fille : Je déteste lire dans ma chambre, je préfère regarder la télévision dans le salon.
Écoute encore.

Piste 45 **Exercice 2 :** Regarde les dessins. Écoute les petits dialogues et note le numéro du dialogue sous le dessin correspondant. Attention, nous commençons ! Écoute bien.

Dialogue 1
Homme : Tu vas où ?
Femme : Je vais au parc, je sors le chien. Je reviens dans 20 minutes.

Dialogue 2
Homme : Nora, tu peux donner à manger au poisson rouge, s'il te plaît ?
Petite fille : D'accord, je le fais maintenant.

Dialogue 3
Femme : Il est où le chat ?
Petit garçon : Il est dans la cuisine, il mange ses croquettes.

Dialogue 4
Homme : Regarde ma chérie, j'ai acheté une nouvelle cage pour ton hamster !
Petite fille : Merci papa, elle est très grande !

S'entraîner pour la compréhension écrite

Piste 45 **Exercice 3 :** Lis la lettre de ton ami français et réponds aux questions.

S'entraîner pour la production écrite

Piste 45 **Exercice 4 :** Tu écris une petite lettre en français à un ami pour parler de ta maison et de ta chambre.

S'entraîner pour la production orale

Piste 45 **Exercice 5 :** Parle de toi ! Réponds aux questions suivantes.

Piste 45 **Exercice 6 :** Regarde ces dessins qui racontent une histoire. Raconte cette histoire ! Dis ce qui se passe sur chaque dessin.

UNITÉ 6 — Mes vacances et mes fêtes

Vive la colo !

Piste 46 **Activité 3 :** C'est le jour du départ pour la Corse ! À son arrivée, Lucie téléphone à ses parents pour raconter la journée. Écoute la conversation et mets les dessins dans l'ordre.
Maman de Lucie : Allô ?
Lucie : Allô maman, c'est Lucie !
Maman de Lucie : Bonjour ma chérie, comment ça va ? Vous êtes bien arrivés en Corse ?
Lucie : Ça va très bien. Oui, on est en Corse ! C'est super, il fait chaud. Le château est très beau, les chambres sont grandes, il y a 4 lits !

Maman de Lucie : Ah parfait ! Et vous mangez où ce soir ?
Lucie : On va manger dans le parc ! Et demain, on va à la plage !
Maman de Lucie : C'est très bien, ma chérie ! Bonne soirée et amuse-toi bien avec tes nouveaux amis !
Lucie : Merci maman, gros bisous.

Activité 5 : Quelques jours plus tard, Lucie téléphone à son papa. Écoute les informations et entoure les phrases correspondantes dans l'article.

Papa de Lucie : Allô ?
Lucie : Allô papa, c'est Lucie !
Papa de Lucie : Bonjour ma puce ! Alors comment ça va ?
Lucie : Ça va très bien ! J'ai plein de nouveaux amis ! On se promène sur des poneys et, tous les jours, on fait des jeux dans le parc. Mais surtout, j'adore faire de la moto, c'est super !
Papa : Je suis content pour toi ! À bientôt. Bisous.
Lucie : Au revoir, papa. Bisous.

C'est Carnaval ! On se déguise ?

Activité 2 c : Écoute les enfants et vérifie tes réponses. Regarde les mots nouveaux dans la boîte à outils.

Rafael : Pour le déguisement de pirate, il faut un manteau noir, un pantalon noir, de grandes bottes de pirate noires, un grand chapeau noir, une épée et un bandeau pour mon œil.
Lucie : Je veux être une princesse. Il faut une belle robe rose avec des chaussures roses et aussi une couronne pour mettre sur la tête.
Emma : Moi, je me déguise en indienne. Je mets des plumes dans mes cheveux et aussi une robe d'indienne et des chaussures d'indienne.
Alexandra : Pour être une danseuse de flamenco, il faut être en rouge : je mets une robe rouge et une fleur rouge dans les cheveux. Il faut aussi des chaussures noires et un éventail.
Wataru : Je me déguise en pierrot. Je mets un costume blanc avec des pois noirs. Je mets aussi un petit chapeau noir et des chaussures noires.
Emin : Moi, je suis un mousquetaire. Je mets une chemise blanche, un pantalon noir et des bottes noires. Il faut aussi un chapeau, une cape et une épée. Je dessine une moustache sur mon visage.
Jonathan : Je me déguise en Zorro. Je suis tout en noir : un pantalon noir, un chapeau noir, une cape noire, une chemise noire, un masque noir. J'ai aussi une épée.
Kilima : Moi, je suis supergirl : j'ai une jupe bleue et rouge, un tee-shirt jaune et rouge et des bottes rouges et bleues.

Le cirque c'est génial !

Activité 1 : Aujourd'hui, c'est l'anniversaire d'Emin. Écoute le dialogue et écris le cadeau-surprise d'Emin.

Parents d'Emin, son frère et sa sœur : Joyeux anniversaire Emin, joyeux anniversaire !
Emin : Merci, merci, mais... où est mon cadeau ?
Maman d'Emin : C'est une surprise !
Sœur d'Emin : Oui, tu dois deviner !
Papa d'Emin : On va dans un endroit où il y a beaucoup d'animaux...
Emin : On va au zoo ?
Frère d'Emin : Non ! Les animaux jouent avec des ballons par exemple...
Emin : Euh... Je ne sais pas...
Sœur d'Emin : Il y a des clowns, des jongleurs. Il y a aussi des trapézistes et des funambules... Alors ? Tu as deviné ?
Emin : Oui, oui, super ! C'est le cirque, on va au cirque !

Activité 2 : Regarde le dessin. Tu connais quels animaux ? Écris les noms. Écoute la conversation pour t'aider !

Emin : C'est trop beau ! Regardez tous les animaux !
Sœur d'Emin : Regarde le lion, il est beau et fort, c'est vraiment le roi des animaux !
Frère d'Emin : Et le singe, il est vraiment très drôle. Il joue avec des ballons !
Emin : Et le phoque, avec sa grande moustache, il joue aussi avec un ballon !
Sœur d'Emin : Et regarde l'ours qui danse, il est tellement grand !
Frère d'Emin : Je pense que l'éléphant est plus grand !
Emin : Et le cheval blanc avec la danseuse, comme il est beau !
Sœur d'Emin : Oui, mais le plus beau c'est le perroquet de toutes les couleurs. En plus, il peut parler !

Activité 3 c : Écoute la chanson. De qui est-ce qu'on parle ? Dessine la personne qui est décrite dans la chanson !

J'ai un gros nez rouge, deux traits sous les yeux, un chapeau qui bouge, un air malicieux, de grandes savates, un grand pantalon et quand ça me gratte, je saute au plafond !

Activité 4 : Écoute le document. Les animaux jouent avec des ballons. Dessine et colorie les ballons à la bonne place.

Un ballon rouge et jaune est sur le nez du phoque. Un ballon bleu et vert est sous l'éléphant. L'éléphant est assis sur le ballon. Un ballon rose est dans le chapeau du singe.

Révise !

Activité 1 a : C'est Carnaval. Les garçons se déguisent. Écoute la description et relie chaque garçon à son masque.

Rafael : Je suis un oiseau. Le plus joli des oiseaux. Avec des couleurs très belles : rouge, jaune, vert... et je peux parler !
Emin : Je suis le roi des animaux. Je suis grand. Je vis en Afrique. Je suis orange ou brun. J'ai de longs poils. J'ai de grandes dents.
Jonathan : Je travaille dans un cirque. Je suis très amusant. J'ai de grandes chaussures et un grand chapeau. J'ai un nez rouge.
Wataru : Je suis un animal petit, très intelligent et très amusant. J'aime beaucoup manger des bananes.

Prépare-toi au DELF PRIM !
S'entraîner pour la compréhension orale

Exercice 1 : Regarde les dessins. Écoute les messages et note le numéro du message, comme dans l'exemple.

Exemple, tu entends : Message 1 : « Mon sport préféré, c'est la natation. J'adore aller à la piscine. Mais je n'aime pas nager dans la mer. » *Écoute encore. Message 1 :* « Mon sport préféré, c'est la natation. J'adore aller à la piscine. Mais je n'aime pas nager dans la mer. » *Tu écris 1 sous l'exemple. Attention, nous commençons ! Écoute bien.*

Message 2
Garçon : J'adore faire la cuisine avec mon père. Je déteste faire du vélo dans la montagne avec ma mère !
Écoute encore.

Message 3
Fillette : Je déteste faire mes devoirs. Je préfère lire des livres ou écouter de la musique dans ma chambre.
Écoute encore.

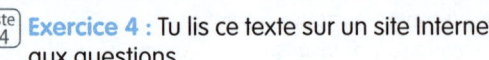

Message 4
Garçon : Pour les vacances, j'adore me promener à la montagne. J'aime la nature. Je n'aime pas la mer : il y a trop de monde.
Écoute encore.

Message 5
Fillette : L'après-midi, j'adore jouer dans le jardin avec mon chat. Je déteste regarder la télévision chez moi.
Écoute encore.

Exercice 2 : Lis les 4 questions. Regarde les images. Écoute le message et réponds aux questions. Nous commençons. Écoute bien.

Salut ! C'est Ana. Je t'appelle pour le spectacle du Cirque d'hiver. C'est dimanche. Viens chez moi à midi. On va déjeuner et ensuite on va aller au spectacle. Tu peux dormir à la maison le soir. Apporte ton pyjama. À dimanche.

S'entraîner pour la compréhension écrite

Exercice 3 : Lis ce petit message et réponds aux questions.

Exercice 4 : Tu lis ce texte sur un site Internet. Réponds aux questions.

S'entraîner pour la production écrite

Exercice 5 : Tu écris une petite lettre à un ami français. Tu lui racontes une journée de Carnaval (8 lignes environ). Tu peux t'aider des dessins.

S'entraîner pour la production orale

Exercice 6 : Regarde ces images. Qu'est-ce que tu vois ? Raconte cette histoire.

Crédits photographiques

Page 9 (en haut à droite) : © Kevin Fletcher/Corbis ; Page 12 : photo a1 © *Les aventures de Peter Pan* ; *Peter Pan* (1953) Production / Walt Disney productions ; photo a2 © *Harry Potter et le prisonnier d'Azkaban* ; *Harry Potter and the prisoner of Azkaban* (2003) production / Warner bros ; photo a3 © *Cendrillon* ; *Cinderella* (1949) Production / Walt Disney productions ; Page 13 de gauche à droite : © *Alice au pays des merveilles* ; *Alice in Wonderland* (1950) Production / Walt Disney company ; *Les Simpsons* © indetermine ; © *Cendrillon* ; *Cinderella* (1949) Production / Walt Disney productions ; © *Spider-man* ; *Spiderman* (2001) production / Columbia Pictures ; Page 24 (en bas) : © Bloomimage/Corbis ; Page 32 (gymnase) : © Proehl Studios/Corbis

Autres : © Shutterstock

Dépôt légal : janvier 2014 – Édition : n°16 – 15/5966/5
Achevé d'imprimer en mars 2025 en Italie par Vincenzo Bona S.p.A.